しずおか蕎麦

しずおか蕎麦三昧

粋に楽しむ。技を味わう名店72選

蕎麦の里、静岡。……04
幻の「静岡在来蕎麦」が今甦る。
～江戸蕎麦のルーツは、駿府の蕎麦だった?!～

蕎麦の旅

奥藁科……10
滋味あふれる蕎麦と田舎料理を楽しみ
せせらぎが心地いい山里の風景に浸る

御殿場……16
富士山のおいしい恵み満載。
「みくりや蕎麦」の蕎麦打ちに初挑戦

引佐町奥山……20
東海地方を代表する禅寺をお参りし
門前蕎麦や名物に舌鼓

蕎麦の旅Data……24

しずおか蕎麦めぐり

手打蕎麦処 多賀《たが》……26
手打蕎麦 初代ねもと……28
誇宇耶《こうや》……30
手打ち十割 蕎麦処 蕎仙《きょうせん》……32
蕎麦 いし塚《いしづか》……33
そば処 朴念仁《ぼくねんじん》……34
笊蕎麦 小邨《こむら》……35
そば処 利庵《としあん》……36
そばの実 一閑人《いっかんじん》……38
手打ちそば いしどう……40
石碾蕎麦 おもだか……42
艸季庵《そうきあん》……44
石碾き手打ち蕎麦 蕎盧庵《きょうろあん》……45
そば処 古庵《こあん》……46
江戸変わりそば 飯嶋《いいじま》……47
手打ちそば 杉本《すぎもと》……48
そば切り 遊玄《ゆうげん》……49
蕎麦切り こばやし……50
手打ち蕎麦 あだち……51
手打ち蕎麦 たがた……52
こなや……54
手打ちそば くろ麦《くろむぎ》……56
そば処 日和亭《ひよりてい》……58
手打そば ながいけ……60
手打ちそば 蕎麦庵 まえ田《まえだ》……62
蕎ノ字《そのじ》……64
KURITA《くりた》……66
石臼挽き手打そば 吉野《よしの》……67
そばの実《そばのみ》……68
手打ち蕎麦 太郎庵《たろうあん》……69
そばきりカフェ まんげつや……70
そば処 池田屋《いけだや》……71
一本氣蕎麦《いっぽんぎそば》……72
蕎麦屋 八兵衛《はちべえ》 静岡店……73
手打ち十割そば 蕎麦処 きしがみ……74
蕎麦屋 慶徳《けいとく》……75
手打ち蕎麦・うどん・丼 あさ乃《あさの》……76

そば屋 案山棒《あんさんぼう》……77
SOBA笑《そばしょう》……78
蕎麦工房 玄庵《げんあん》……79
手打ち蕎麦 木むら《きむら》……80
細島屋 七丁目店《ほそじまやななちょうめてん》……81
手打ちそば処 ふじ花《ふじはな》……82
手打ち蕎麦 一《いち》……84
蕎麦招人 仟《せん》……86
笊蕎麦 百々や《ももや》……87
山形板そば 六兵衛《ろくべえ》……88
手打ちそば うさぎ庵《うさぎあん》……89
石臼挽き手打ちそば 蕎里《きょうり》……90
手打蕎麦 玄炊庵《げんすいあん》……91

粋に楽しむ蕎麦屋呑み

蕎麦 雪月花《せつげっか》……104
酒と肴と手打ち蕎麦 百里《ひゃくり》……106
そばの坊《そばのぼう》……108
蕎麦つくし 蕎仙坊《きょうざんぼう》……109
蕎麦酒菜 おく村《おくむら》……110
鷹匠 つむらや……111
遊菜巧房 岩市《いわいち》……112
蕎麦 酒 かわかつ……113
手打ち蕎麦 naru《なる》……114
俺庵《おれあん》……115
信州手打そば 奥村《おくむら》……116

山里の滋味を味わう蕎麦処

やまびこ……118
手打蕎麦 寿司 御料理 丹味《たんみ》……120
蕎麦 どあひ……122
笊蕎麦 つど野《つどの》……123
うつろぎ……124
手打そば 食事処 幸之松《こうのまつ》……125
蕎麦道楽 百古里庵《すがりあん》……126
佐久間民俗文化伝承館 峠そば処《とうげそばどころ》……127

蕎麦あらかると

天ぷら蕎麦……92
鴨南・鴨せいろ……94
変わり蕎麦……96
酒のアテ……98
蕎麦がき……100
蕎麦甘味……102

蕎麦がもっとおいしくなる!?
知っておきたい蕎麦用語……117

《データの見方》

蕎麦粉 …蕎麦の産地、製粉方法
製麺 …蕎麦粉の割合、打ち方
だし …だしに使っている素材
つゆの味 …5段階表示で甘さ辛さを表示
甘 ・ ・ ・ ＊ ・ 辛

住所………所在地
電話………電話番号
営業………営業時間
休み………定休日
席数………席の総数
駐車………駐車場台数
お品書き …お薦めのメニュー

※定休日の表記は、年末年始、お盆休み、ゴールデンウィークの休みは省略しています。
※情報は2013年10月4日現在のもので、営業時間、定休日、料金等は変更される場合があります。
※掲載料理写真は取材時のもので、料理内容や並び方など、異なる場合があります。

蕎麦の里、

日本の蕎麦栽培の始まりは弥生時代後期から古墳時代にまでさかのぼるというから、何とも日本人と蕎麦の付き合いは長い。そんな中、近頃よく耳にする言葉に「在来蕎麦」がある。その土地で昔から作られてきた在来種の蕎麦のことで、この在来蕎麦が、蕎麦好きの間で今注目を浴びている。中には徳島の祖谷（いや）、宮崎の椎葉（しいば）、長野の下栗（しもぐり）などブランドとして珍重されている在来蕎麦もあり、その人気はますます高まっているという。そしてそんな在来蕎麦が、実は静岡にも存在しているというのだ。

静岡。

幻の「静岡在来蕎麦」が今甦る。
～江戸蕎麦のルーツは、駿府の蕎麦だった?!～

井川の最北集落小河内に、「静岡在来蕎麦」は生きていた

世代を超えて種継ぎされてきた幻の蕎麦

2013年8月10日、静岡市井川の最北集落・小河内の畑に、井川の有志「結の仲間」およそ15人が集まり、蕎麦の種蒔きが行われた。その広さ20アール、放置されていた急傾斜の茶畑を焼畑し、蕎麦畑にする大プロジェクトだ。そしてこの日蒔いた種こそ、この畑で作られた「静岡在来」。幻の蕎麦だ。

蕎麦屋のメニューで近頃目にするようになった「在来種蕎麦」。そもそも「静岡在来蕎麦」とはどういうものなのだろうか。このプロジェクトの中心的存在、「手打ち蕎麦たがた」（記事P52）の店主・田形治さんに聞いた。「静岡在来蕎麦とは、この静岡市の山間地で昔から栽培されている蕎麦で、その種を世代を超えて引き継いでいて、改良種が登場する前からその土地にあった蕎麦のことを言います。今日蒔いた種も井川の地で代々受け継がれてきた井川在来です。県内ではほかにも、静岡市の大川、清水・湯沢や、藤枝、水窪、芝川エリアでも在来蕎麦の存在が明らかになり、もう一度甦らせ、受け継いでいこうという動きが、今起こっています」。

昔から静岡県内の農家でも自家用として蕎麦を作っているところは多々あったが、今ではほとんど作られることがなくなったという。ここ井川も同じだった。ところが、在来種調査を進めていた静岡大学の稲垣栄洋教授が井川に住む望月正人さん・仁美さん夫妻と出会い、在来蕎麦を探していた田形さんを紹介。井川で在来蕎麦の種を持っている農家探しが始まり、青木たけさんの家から在来蕎麦が見つ

1.種を蒔いたあと土を被せ、発芽を待つ **2.**昨年収穫した蕎麦を種として蒔く。小粒で茶褐色をしているのが特色 **3.**井川在来蕎麦の会「結の仲間」の代表・望月正人さん **4.**静岡在来蕎麦プロジェクトの中心的存在「手打ち蕎麦たがた」の田形治さん **5.**収穫風景（2012年清水） **6.**天日干しで乾燥させる（2012年清水）

かった。昨年はその蕎麦の種を増やすことに専念し、今年は晴れて食べることができるよう、昨年の5キロを上回る、10倍の収穫を目指し、種蒔きが行われた。

今年の新蕎麦の季節には「静岡在来蕎麦」が食べられる!?

　蕎麦は種蒔きから収穫まで75日という早さで生育するが、井川では種蒔き前に、「焼畑」という昔ながらの畑づくりを復活させた。土地を焼くことで、焼畑の灰が肥料となり、雑草や害虫、病原菌が発生しにくい畑になるのだという、昔の人の知恵が詰まった農法だ。7月にこの焼畑をすませ、8月には草取りをし、小石を取り除き、いよいよ種蒔き。それから先は芽が出て丈が伸び、雨が少なく水分が足りなければ水蒔きをし、9月の初め、ちらほら白い花が咲き始め、20日過ぎには満開に。たくさんの蜂が蜜を求めてやってきて、やがて実を付ける。畑を毎日のように見守る望月正人さんの話では、10月上旬頃から実が付き始めて、25、26日頃には収穫できる予定だと言う。その後は収穫した蕎麦を天日で干して、1週間〜10日ほど自然乾燥。ようやく脱穀となる。

　この取り組みによって、今年の新蕎麦の時期には、ここ井川の「静岡在来蕎麦」を食べられるかもしれない。ただし、その収穫量はかなり少ないので、出合えたら幸運と、恵みに感謝を。

　品種改良した食物が多い昨今、細々とでも昔から各地で受け継がれてきた在来品種は希少な存在だ。だからこそ「幻」と呼ばれるのだ。

今川義元が駿府に蕎麦の文化をもたらし、駿府の蕎麦職人が江戸へ伝えた!?

●太野祺郎さん
昭和9年京都生まれ。小学校から高校まで長野に居住。東京ガス在職中、職場の友人たちと「TGそばの会」を結成し、北海道から九州まで全国の蕎麦を食べ歩く。定年退職後も会として食べ歩きを継続し、蕎麦を打って楽しんでいる。主な著書は「おいしい蕎麦を探す」、「蕎麦曼陀羅」、「蕎麦手帳」など

静岡在来蕎麦は個性的な香りが魅力

さて、静岡在来蕎麦の概略が分かったところで、製粉し、打ち、仕立てると、いったいどんな蕎麦になるのか。全国2000軒もの蕎麦店を巡り歩いているという蕎麦通で知られる、「TGそばの会」代表の太野祺郎さんに、静岡在来蕎麦を食べた感想をうかがった。「静岡在来蕎麦との出合いは3、4年前、馴染みの蕎麦屋の店主から静岡在来蕎麦のことを聞きまして。静岡にあるなんて話、聞いた事がなかったですから、これはおもしろいと。早速、その活動の中心にいる田形さんのところに食べに行きました。その印象はとにかく『個性的』。味が濃く、香りが強い。在来種ならではの特色があったのですが、香りはよそとちょっと違う、土のような…独特の香りを持っていました」。太野さんはこの日も、まずはなにもつけずに香りを確かめるように食べ始め、「甘みがいいね。ほんと独特の香りなんだよね」と一言。静岡在来蕎麦は茶褐色をしているが、殻を剥くと、かなり強い緑色をしていて、製粉するとその香りの強さに驚く。「たがた」では中粗くらいに製粉し、香りのみならず、食感も喉越しも楽しめるように仕上げているという。

手打ち蕎麦たがたの「静岡在来蕎麦・十割」1000円は、中粗くらいに製粉し、風味を生かした十割蕎麦に仕上げられる

静岡と蕎麦の、古くて深い関わり

太野さんによると、蕎麦は弥生時代後期から古墳時代頃に日本に伝わったと言われているそうだ。昔は、米は年貢のためのもので、庶民が食べていたのは蕎麦やヒエやアワだった。その後、米を食べるようになり、戦後になると蕎麦の栽培面積はぐんと減ったが、細々と自家消費用には作っていた。全国どこにでもそうした穀物や野菜が残っており、それが今、在来種として注目を浴びているのだそうだ。

現在の蕎麦のような細長く切った形状の蕎麦切りが生まれたのは15～16世紀の頃で、その発祥は京都の禅寺だという説が濃厚だとのこと。中国から聖一国師が水車と石臼による製粉技術を持ち帰って以来、臨済宗の寺で麺食が盛んになったこと、京都の臨済寺で蕎麦切り以前にそうめんやうどんなどが作られていたことからも、有力な説だという。そして蕎麦切りが京都から江戸へと伝わるのだが、京都から茶道と共に蕎麦切りの文化を駿府にもたらした人物がいた。それが、今川義元だ。１５００年～１６００年の頃には、安倍川、大井川の流域で盛んに蕎麦が栽培されていたという。

そして時代は江戸。徳川家康が江戸の町づくりのために駿府の職人や町人を連れていったという話はよく聞くが、その中には蕎麦職人もいたというのだ。「蕎麦は江戸で成熟したと言われるが、そのルーツは駿府の蕎麦だった」。これが太野さんの唱える説だ。その昔、静岡で蕎麦栽培が盛んであったことといい、江戸蕎麦のルーツだという説といい、静岡と蕎麦の関係はかなり古く、深い。いや静岡はその昔、蕎麦の先進地だったのだ。「静岡もいい蕎麦屋が増えてきましたね。よく訪れる店も何軒かありますよ。それに静岡は酒も旨いし」。そう話す太野さんに、粋な蕎麦の楽しみ方を聞いた。「熱燗を軽く一杯やって、蕎麦をさっと食べて引きあげるのがいいね、なかなか一杯ではすまないけれど…」。そんな言葉が返ってきた。

蕎麦の旅【1】

Okuwaroshina

奥藁科

静岡市葵区清沢〜湯ノ島

奥藁科の大川地区では昨年より在来蕎麦の栽培が始まり、秋の「収穫祭」や来春の「そばまつり」で蕎麦の試食を予定している

滋味あふれる
蕎麦と田舎料理を楽しみ
せせらぎが心地いい
山里の風景に浸る

静岡市の中心街から車で30分ほど行った県道60号の入り口から藁科川に沿って、市営温泉のある湯ノ島まで。旅は心地いい川のせせらぎと共に始まった。

蕎麦の旅【1】

奥藁科

静岡市葵区清沢〜湯ノ島

日向の蕎麦民宿で、コシのある二八蕎麦を

緑の山々と穏やかに流れる川の景色を楽しみながら向かったのは、蕎麦の旅のまさにメイン料理となる「手打ち蕎麦 民宿三右ヱ門」。佐藤勝美さん、眞弓さん夫妻が営むこの民宿、実は宿としてより昼食で蕎麦が楽しめる店として人気を呼んでいる。出される料理は、「頑固親父のこだわり手打ちそば」と「おふくろの田舎料理」。大正2年に建てられたという佐藤さんの実家の畳の部屋で、のんびりとした時間を過ごすことができる。

1. 小鉢の季節の野菜料理はもちろん、天ぷら（写真は2人前）もかなりのボリュームだ
2. 打ちたて茹でたての蕎麦が食事の最後を飾る
3. 冬には、炭火をおこし、椎茸焼きも
4. 佐藤勝美さん、眞弓さん
5. 蕎麦はその日の天気や湿度に合わせ丁寧に仕上げられる

早速テーブルに運ばれてきたのは眞弓さん担当の料理の数々で、小さな小鉢がなんと10品ほど。「ブロッコリーの白和え」「ゴーヤの佃煮」「モロヘイヤの塩昆布和え」「ツルムラサキのおひたし」……。佐藤さんの畑や地元で採れた野菜を素朴な味付けで調理したおふくろの味ばかりだ。さらにここに野菜の天ぷら、玄米ごはんが加わり、どれもこれも滋味にあふれた味わいで、箸が進む。食事も中盤を過ぎた頃、名物の「手打ちそば」が登場した。手打ちするのは頑固親父こと勝美さん。蕎麦粉は北海道産を使っているが、地元大川の在来蕎麦が手に入れば使うことも。歯応えのあるコシの強い二八蕎麦は、焼津の鰹節と昆布、地元の椎茸で取っただしで作る辛目のつゆにピッタリと合う。これで１５００円は、かなりお得だ。

7

蕎麦の旅【1】

奥藁科

静岡市葵区清沢〜湯ノ島

せせらぎの温泉に浸かり、湯あがりは至福の昼寝タイム

この旅のもう一つのお楽しみは温泉。湯ノ島にある市営の「湯ノ島温泉浴場」だ。風呂は男女一つずつあり、緑深い山と、優雅に流れる川の景色が望めるひなびた温泉だ。少しヌルッとした泉質が特色で湯あがりの肌はしっとり。いつまでもポカポカが続く。切り傷ややけど、皮膚炎、神経痛、関節痛、疲労などに効能があるそうだ。館内には広間もあり、川のせせらぎを聞きながらの昼寝は、至福の時間だ。

温泉施設のすぐ隣り、風呂上がりの人や観光客で賑わう「玄国茶屋」を覗いてみた。ここは地元の女性たちが切り盛りする店で、手づくりの味噌やまんじゅう、朝採れの野菜などがズラリ。手打ち蕎麦や味噌おでんなども味わえる。人気の土産は、「そばまんじゅう」「ほう葉餅」「二色まんじゅう」、ご飯にピッタリの「五色なんばん」だと教えてもらった。

1

3

2

5

4

6

1.「玄国茶屋」のスタッフのみなさん **2.**天井が高く開放感のある休憩用広間 **3.**昔からこのあたりで作られていたという「五色なんばん」250円。唐辛子、ニンジン、青菜、シソの実、ユズの皮、生姜入りで、麺・豆腐の薬味に。ご飯にも合う **4.**ヨモギとカボチャを使った「二色まんじゅう」2個200円 **5.**地元のシイタケやワラビが入った「山菜蕎麦」700円 **6.**手づくりの粒あんが入った「そばまんじゅう」2個200円 **7.**川沿いに建つ「湯ノ島温泉浴場」

8

9

8.名物「いのししコロッケ」1個100円。冬の土・日曜には「猪肉まん」200円も登場予定　9.ヨモギがたっぷり入った「きよさわよもぎ金つば」1個110円　10.「きよさわ里の駅」のスタッフのみなさん

10

清沢にちょっと寄り道して「いのししコロッケ」

帰路につく途中、清沢にも地元の女性たちが切り盛りする「きよさわ里の駅」があると聞き、立ち寄ってみた。ここの名物は「いのししコロッケ」だ。粗い挽き肉にしたイノシシ肉を味噌で炒めてコロッケにしたもので、肉の歯応えが特色。ほかに地元で採れたヨモギを使った「きよさわよもぎ金つば」も人気だ。ちなみに食堂では「猪焼肉定食」も評判らしい。

蕎麦の旅【2】

Gotemba

御殿場

富士山のおいしい恵み満載。
「みくりや蕎麦」の
蕎麦打ちに初挑戦

御殿場地方に古くから伝わるという「みくりや蕎麦」。いったいどんな蕎麦なのか？ 期待に胸を膨らませ、蕎麦打ち初チャレンジの旅は始まった。

悪戦苦闘も楽しい時間。自分で打つ特別な一杯

御殿場地方では昔から、大みそかや人が集まる時には、「みくりや蕎麦」を振る舞う習慣があったという。この土地ならではのふるさとの味「みくりや蕎麦」の蕎麦打ち体験ができると聞いて出かけたのは、富士山の麓にある蕎麦打ち体験工房「たくみの郷」だ。緑豊かな敷地内には、昔の暮らしぶりが分かる「旧石田家住宅」、地元の名産品を作る「ふるさと工房」などもあり、のどかな雰囲気に包まれている。

2

1

1.「そば打ち体験」1セット2000円（2人前から受付）。持ち帰ることもできる　2.隣接する「ふるさと工房」では御殿場市内の農家が集まって惣菜や菓子を作っている（JAなどで販売）　3.たくみの郷　4.「みくりや蕎麦」800円（体験をしなくても施設内の食堂で食べられる）　5.隣接する「旧石田家住宅」には、昔の御殿場地方の家屋の間取りや骨組みが当時のまま残る

さて、いよいよ蕎麦打ち体験だ。材料は蕎麦粉と小麦粉、たっぷりの山芋。「みくりや蕎麦」は、山芋をつなぎに使うのが特色で、粉はもちろん御殿場産だ。まずはボロボロとした生地をなめらかになるまで捏ねて、ひとつにまとまるまでさらに練る。これがコシの強い蕎麦にする秘訣らしい。耳たぶくらいの硬さになったら、のし棒で延ばし、折り畳み、包丁で切る。と、言うはたやすいが、初心者には戸惑うことばかり。包丁使いひとつとっても太くなったり、ちぎれそうになったり…。なんとか切り上げた生蕎麦は茹でて冷水にとり、そして温かい蕎麦にして完成。口に含むと山芋と蕎麦の風味が豊かに香る。自分で打った感動の味は、細い麺あり太い麺ありの愛嬌ある一杯だった。

3

4

5

蕎麦の旅【2】

御殿場

静かな自然に包まれ和菓子とお茶でホッと一息

「みくりや蕎麦」を堪能した後は、御殿場の深い緑の中にひっそりと佇む「東山旧岸邸」へ。うっそうとした竹林を抜けると、首相を務めた岸信介氏の自邸として建てられた瀟洒な建物が現れた。伝統的な数寄屋造りの美と、現代的な住まいの機能性を両立した邸宅内は見学ができる。書斎や応接間など、ここで政治が動いたのかも…などと想像をめぐらすのも楽しい。

1〜4.かつて多くの要人や国賓をもてなしたとされる「東山旧岸邸」 **5.**竹林をのんびり散策するのも心地いい

さて、ティータイムは敷地内の菓子処「とらや工房」で。風が心地いいテラス席に座り、上品な味わいのどら焼きと、一煎一煎丁寧に入れた煎茶でホッと一息。優雅な自然の中で食す和菓子の味は格別だ。ここでは大福やどら焼きなどを作る様子をガラス越しに見ることもできる。

6.あっさりとした小倉あんを挟んだ「最中」250円、煎茶セットは＋250円　**7.**あふれる緑のなかにある「とらや工房」　**8・9.**春には桜が美しく咲く「新橋浅間神社」　**10.**地下80メートルから汲み上げられる名水は、長年地元の人に愛され利用されている　**11.**渡辺ハム工房の「ふじやまプロシュート」840円　**12.**天野醤油の「さいしこみ　甘露しょうゆ」（720mℓ）945円、「国産丸大豆醤油本丸亭」（720mℓ）840円、「天然醸造 富士泉」（720mℓ）735円 ※参考価格、変動あり

名水、生ハム、醤油 御殿場グルメを土産に

旅の締めくくりは、土産選び。まずはここでしか手に入らない富士山の恵み「木の花名水」を求めて「新橋浅間神社」に立ち寄る。富士の湧き水が流れる穏やかな境内を歩くだけで心が洗われる。名水をペットボトルに汲んで、これも立派な土産に。あとは前から訪ねたかった御殿場グルメの店へ。「すそのポーク」を一年以上かけて熟成させた「渡辺ハム工房」の生ハム「プロシュート」と、天然醸造で添加物を一切使わずに作られている「天野醤油」の醤油を手に入れて家路につこう。

引佐町奥山

東海地方を代表する禅寺をお参りし 門前蕎麦や名物に舌鼓

蕎麦の旅【3】

Inasacho okuyama

参道沿いに建つ「三重塔」

表情豊かな「五百羅漢」

「半僧坊真殿」

浜松市北区の引佐町奥山にある臨済宗方広寺派の大本山「方広寺」。由緒あるお寺でのお参りが目的の旅ではあるが、もう一つのお楽しみはその門前。名物「門前蕎麦」を味わい、土産物をあれこれ選ぶ時間が、心を豊かにしてくれる。

五百羅漢がお出迎え 緑の参道を歩いて本堂へ

通称・黒門と呼ばれる堂々とした入口の総門をくぐり、朱色が美しい山門（通称・赤門）を過ぎて、緑の中を歩いていくと、表情豊かな「五百羅漢」が見えてくる。自分や身近な誰かに似た羅漢さんもいるというその表情を眺めつつ、歩みを進めていくと本堂に到着。方広寺には国指定の重要文化財・七尊菩薩堂や水戸光圀公ゆかりの釈迦如来、火除けの神として信仰を集める半僧坊権現を祀

る真殿など見所が多い。時間があれば、座禅や写経体験をプラスするのもいい。

大油揚げと大あん巻き 名物はビッグサイズ

参拝を済ませたら、門前通りを散策し、まずは油揚げ専門店「中尾商店」へ。名物の大油揚げ「半僧坊あぶらげ」は人の顔が隠れるほどの特大サイズだ。表面をじっくり焼いて醤油と大根おろしで食べる。これが5代目店主・中尾道昭さんがお薦めする食べ方だ。

少し離れた「野沢製菓」では、たっぷりのこしあんをどら焼き生地で包んだ「大あん巻き」を購入。新東名開通時には白あんタイプも新登場。程よい甘さでやさしい味わいが好評を得ている。

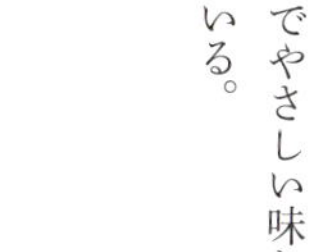

1.水戸藩・水戸光圀公ゆかりの釈迦如来　2.方広寺本殿　3.良縁成就を司る、縁結び大黒尊天　4.方広寺で販売されている手延べ半生蕎麦「半僧めん」500円　5.「あぶらげ」1枚450円。中身がギュッと詰まっていて皮がやわらかく、炙った時のジューシーさがたまらない　6.半分に切ってもこのサイズ　7.「大あん巻き」1本450円　8.葉うちわ型の「半僧坊最中」1個90円も人気

歴史上の人物も食した門前蕎麦の味わい

歩き疲れて小腹が空いた頃、店から漂うだしの香りに引き寄せられ訪れたのは、明治16年から続く蕎麦屋「乃木そば　神谷」。看板メニューという「乃木そば」の名前の由来が気になり店主に尋ねてみると、老舗ならではの歴史を感じる話を聞かせてくれた。

屋号がまだ「神谷」だけだった明治43年、日露戦争の英雄、乃木希典将軍が部下や息子の慰霊と、戦勝祈願のた

蕎麦の旅【3】

引佐町奥山

1.奥に食事のできるスペースがある　**2.**おかかがたっぷりのった「特製乃木そば」500円　**3.**歴史を感じる門前の店らしい佇まいだ　**4.**昔ながらのカラフルな菓子麩

めに方広寺を訪れ、参拝帰りにこの店に立ち寄り、店の名物・蕎麦を食べたそうだ。以来この店では蕎麦を「特製乃木そば」と名付け提供しているというわけだ。鰹節がたっぷりかかった素朴な味を、歴史上の人物も舌で感じたと聞くとなぜかおいしさも倍増し、少し厳かな気分にもなる

5.「みそおでん」1本100円。材料の「こんにゃく」大400円、小200円、「味噌」300円は持ち帰り用もある 6.「奥山志ぐれ」650円 7.コロコロかわいい「玉麩」350円

から不思議だ。地元・奥山産の蕎麦粉を積極的に使った手打ちの二八蕎麦は店で食べるだけでなく土産としても購入できる。

ほかに、「山菜とろろ」800円、「かけそば」500円、「ざるそば」700円も、お薦めだ。

禅寺の門前ならではの土産に注目

もう一つ、この店でぜひ食べておきたい料理がある。契約農家の芋を使って毎朝作る、コンニャクの「みそおでん」だ。だしが染み込んだコンニャクと、甘めの手作り味噌ダレは相性抜群だ。

そして土産には、生麩を牛肉しぐれ煮風に煮た「奥山志ぐれ」と、「玉麩」を購入。「玉麩」は酢の物・味噌汁・すき焼きなど、いろいろ使えて便利だと薦められた。いずれも良質なたんぱく質が摂れるヘルシーフード。禅寺参りには申し分ない土産だ

蕎麦の旅Data

奥藁科　静岡市葵区清沢～湯ノ島

手打ち蕎麦 民宿 三右ヱ門
住静岡市葵区日向718
TEL054・291・2515
営予約に合わせて（要予約）
休予約に合わせて　P4台
¥一泊二食付き5000円

静岡市営湯ノ島温泉浴場
住静岡市葵区湯ノ島304-3
TEL054・291・2177
営9:30～16:30（入場は16:00まで）
休木曜（祝日営業、翌日休み）
¥大人（中学生以上）500円、
子ども（3才以上）200円
※終日フリータイム
P約50台

玄国茶屋
住静岡市葵区湯ノ島302-1
TEL054・291・2821
営9:30～16:00
休木曜（祝日営業、翌日休み）
席45席
P湯ノ島温泉駐車場

きよさわ里の駅
住静岡市葵区相俣200
TEL054・295・3783
営9:00～16:00
休月曜（祝日営業、翌日休み）
席12席　P30台

御殿場

たくみの郷
住御殿場市印野1388-43
TEL0550・88・0330
営10:00～16:00（15:00受付終了）
休火曜（年末年始は営業、翌日休み）
席58席　P40台

東山旧岸邸
住御殿場市東山1082-1
TEL0550・83・0747
開10:00～18:00
※10～3月は～17:00
休火曜（祝日開館、翌日休み）
¥大人300円、小・中学生150円
P40台

新橋浅間神社
住御殿場市新橋2083
TEL0550・83・0604　P10台
※水の汲める時間は7:00～19:00

とらや工房
住御殿場市東山1022-1
TEL0550・81・2233
営10:00～18:00
※10～3月は～17:00
休火曜
（祝日営業、翌日休み）
席50席　P40台

渡辺ハム工房
住御殿場市川島田661
TEL0550・82・0234
営9:00～18:00
休日曜　P30台

天野醤油
住御殿場市御殿場139-1
TEL0550・82・0518
営8:00～17:30
休日曜、祝日　P8台

引佐町奥山

臨済宗方広寺派大本山
方広寺
住浜松市北区引佐町奥山1577-1
TEL053・543・0003
開参拝時間9:00～16:00
P浜松市営奥山駐車場あり（無料）

中尾商店
住浜松市北区引佐町奥山1576-3-1
TEL053・543・0048
営9:00～17:00
休無休
P浜松市営奥山駐車場あり（無料）

野沢製菓
住浜松市北区引佐町奥山1567-1
TEL053・543・0066
営8:00～17:00
休水曜（祝日営業）
P浜松市営奥山駐車場あり（無料）

乃木そば 神谷
住浜松市北区引佐町奥山1576-3-1
TEL053・543・0054
営10:00～16:30　休水曜
席30席
P浜松市営奥山駐車場あり（無料）

しずおか蕎麦めぐり

「おいしい蕎麦が食べたい」。そんな思いに応えてくれる蕎麦屋を、静岡県内各地から厳選。老舗に穴場、ニューウェーブも。これだから蕎麦屋めぐりはやめられない。

季節ごとに移ろう自然を眺めながら香り高い蕎麦を食す
手打蕎麦処 多賀
Teuchisobadokoro Taga

のどかな海沿いに構えられた門をくぐると、緑豊かな庭園の先に築200年の日本家屋がそびえ立つ。江戸末期の豪商の建物が別荘としてこの地に移築され、1979年、蕎麦処として開業した。店内に一歩足を踏み入れると、梁をめぐらせた高い天井と漆喰塗りの土間が現れ、風情あふれる空間が広がる。

蕎麦は、香りとコシの強さが自慢。風味を損なわないよう低温管理した蕎麦を、その日に使う分量のみ石臼挽きで自家製粉するため、香りの良さが際立つ。毎朝手打ちする歯応えのある麺を噛みしめれば、口の中に広がる奥深い味わいを実感できるだろう。

蕎麦のお供には「桜海老かきあげ天ぷら」800円や「江戸前穴子天ぷら」900円など、素材を生かしてサックリと揚げられた天ぷらを。天城の自然の中で育まれた鶏卵を使った「厚焼玉子」もお薦めだ。しっかりとした黄身の味とそれに負けないだしの旨味がいいと、土産にも好評だ。そして締めには蕎麦を使った甘味も味わってほしい。

昼時には行列のできる人気店だが、軒下の縁台に腰掛け、のんびりと庭園を眺めながら待つのもまた一興。「蕎麦宴席料理コース」(3500円～・予約制)では、優雅なひとときと季節の料理を満喫できる。

代表取締役の渡辺 裕さん

- 蕎麦粉 茨城県産／自家製粉石臼挽き
- 製　麺 二八／手打ち
- だ　し 本枯節、宗太鰹節、鯖節（産地はその時による）
- つゆの味 甘・＊・・・辛

手打蕎麦処 多賀

住所 0557·68·1012
電話 熱海市上多賀798
営業 11:00～16:00(15:50LO)
休み 木曜(祝日営業、翌日休み)
席数 60席
駐車 20台

お品書き
- そば寿し 450円
- 揚げ出し豆腐 550円
- 厚焼玉子 800円
- そばじるこ 550円
- そばアイス 450円

目の前に庭園が広がる座敷席。テーブル席、個室もある

「ヒラタケの天せいろそば」1450円。ジューシーなヒラタケを使った天せいろは秋冬限定

凛とした蕎麦の秘密は生産者との「絆」の深さにある

手打蕎麦　初代ねもと

Teuchisoba Shodai Nemoto

外観も内観も、その蕎麦屋らしからぬモダンな造りに、少し驚かされるが、かえってそれが入りやすいとの声も。蕎麦好きの間では知られる隠れた名店だ。店主の根本あきらさんは熱海の「多賀」で7年修業を重ね、「自分の手で蕎麦をもっと多くの人に届けたい」との思いから独立。２００８年、この地に暖簾を揚げた。

この店の蕎麦の魅力は「コシ」と「香り」。それを作りあげるのが店主こだわりの玄蕎麦だ。使っているのは北海道深川市多度志産の「庄ちゃん蕎麦」。店主が縁あって出合ったブランド品種だ。自ら現地に赴き交流を重ね、生産者の情熱を直に感じ、この「庄ちゃん蕎麦」1本でいこうと決めたという。水はけのよい広大な大地で育った蕎麦は最高の状態で店まで届けられ、思いを受け継いだ店主の手で丁寧に製粉し打たれる。生産者と蕎麦職人との深い信頼が「ねもと」の蕎麦の真髄なのだ。

会食には、前日までの予約で楽しめるコース料理（３０００円〜・２人〜・夜のみ）がお薦め。盛りつけにも繊細な技が光ると評判だ。刺し身や炊き合わせ、蕎麦の実茶碗蒸し、蕎麦粉のクリームコロッケなどオリジナルも味わえる。きっと新しい蕎麦の魅力に出合えるだろう。

蕎麦粉　北海道産／自家製粉石臼挽き
製麺　二八／手打ち
だし　枕崎産本枯節、高知産宗太鰹節、高知産鯖節
つゆの味　甘・・・・✱・辛

昼限定のボリューム満点「天丼ランチ」1200円

静岡産の鶏を使用した「とり汁のつけざる」1200円

手打蕎麦　初代ねもと

住所　伊東市宇佐美424-7
電話　0557･47･2522
営業　11:30〜13:50、17:30〜20:00
休み　月曜、第4日曜（祝日営業、翌日休み）
席数　18席
駐車　5台

お品書き
桜えびのかき揚げ天ざる 1300円
とり汁そば 1300円
天ざる辛味大根付き 1650円
ぶっかけおろしそば 1250円
コース 3000円〜（要予約）

コシと香りが魅力の「ざる」700円

契約農家から仕入れる玄蕎麦 蕎麦本来の味と香りにこだわる

誇宇耶
Kouya

稲取温泉入口に位置する蕎麦処。観光地ということもあり、全国各地から多くの蕎麦好きが訪れる名店だ。

「大切なのは蕎麦本来の味と香り」。これが店主・山田慶一さんの信条で、それゆえ玄蕎麦へのこだわりは計り知れない。仕入れる玄蕎麦は全国各地の契約栽培の農家のもの。それを真空包装し冷蔵管理。風味を損なわないよう大切に保存している。

また、丸抜きの選別は色選別機で徹底し、最後は石臼挽きで自家製粉する。こうした工程を経てようやくこの店の蕎麦粉は出来上がるのだ。さらに、蕎麦打ちに使用する水は地下からくみ上げた無菌水と言われている「天城深層水」で、店主のこだわりはつきない。

蕎麦同様人気を呼んでいる一品料理も紹介しておこう。自家栽培野菜をふんだんに味わえる「天ぷら」のほか、アジ・サバ・ワラサなどその日に獲れた鮮魚に、ネギ、ショウガ、大葉、玉ネギを合わせ、味噌を加えて叩き、焼き上げる稲取の郷土料理「さんが焼き」はファンが多い。肴と蕎麦の風味を引き立てる静岡の地酒も約20種類用意されているので、ぜひ蕎麦前を。少しずつ数種のお薦めの酒が楽しめる「利き酒コース」もあるので、試してみてはどうだろう。

イセエビ1本を丸ごと使った「伊勢えび天せいろ」3150円

蕎麦粉　北海道・茨城・長野県産など／自家製粉石臼挽き
製麺　二八・十割／手打ち
だし　枕崎産本枯節など
つゆの味　甘・・・・・＊辛

上:美人だけが注文できるという「ひみこ」980円
左上:稲取の郷土料理「さんが焼き」600円

お品書き
いわしおかか山葵御飯 200円
天せいろ 1100円
十割そば（限定） 840円
季節のそば膳（磯） 1350円
さんがそば 950円

誇宇耶
住所　賀茂郡東伊豆町稲取1940-1
電話　0557・95・3658
営業　11:00～20:00
休み　木曜
席数　66席
駐車　30台

「せいろ」630円。蕎麦本来の香りを
堪能できる

茹で時間はわずか5秒 上品さ漂う細麺の十割

手打ち十割 蕎麦処 蕎仙

Teuchijuuwari Sobadokoro Kyousen

伊豆高原のシンボル・大室山の麓にある、観光客で連日賑わいをみせる蕎麦処。女将・横山洋子さんが接客、メニューの考案から蕎麦打ちまで、店のすべてを統括する。

甘皮ごと細かく挽いた淡い黄緑色の蕎麦粉を、天城の伏流水で打つこだわりの十割蕎麦は、女性らしい丁寧に揃った細麺。熱で蕎麦の質を損なわないようにするため、水で打ち、たった5秒で茹で上げる。シャキッとした切れとコシのある蕎麦には、香りと甘味が残り、上品さが漂うと評判だ。

かえしは甕（かめ）の中で3カ月以上熟成させ、味わいにコクと丸みを出すのだとか。提供する直前におろす地元産の生山葵も香りがいい。「おいしい」を届けるために、できることすべてに力をそそぐ女将の愛情たっぷりの料理に、旅の疲れも忘れそうだ。

甘く煮たいなりに酢蕎麦を詰めた「蕎麦稲荷すし」500円

蕎麦粉	北海道北空知産丸抜き／自家製粉石臼挽き
製麺	十割／手打ち
だし	利尻産昆布、伊豆産椎茸、沼津産本枯節等
つゆの味	甘 ・—・—＊—・—・ 辛

鰹だしとみりんが香るふわふわの「蕎麦屋の出し巻きたまご」600円

手打ち十割 蕎麦処 蕎仙

住所 伊東市十足329-6
電話 0557･45･6681
営業 11:00～15:00
休み 不定休
席数 51席
駐車 20台

お品書き

- 盛りそば 800円
- 焼葱せいろ 1100円
- かもせいろ 1300円
- 揚げだし蕎麦がき 1000円
- そば団子黒蜜かけ 500円

人気No.1メニュー「生桜海老天ぷら せいろ付き」1600円

「鴨汁そば」1350円。みずみずしい蕎麦に鴨肉の旨味たっぷりの温かいつゆが絡む

蕎麦 いし塚

住所 下田市敷根4-21
電話 0558-23-1133
営業 平日、祝日11:00〜16:00
土・日曜11:00〜15:30、
17:00〜19:00
休み 水曜
席数 40席
駐車 16台

お品書き

天付のりかけそば 1650円
玉子とじそば 1200円
山かけそば 1200円
おせいろ 800円
そば豆腐 530円

蕎麦 いし塚

Soba Ishizuka

つややかでコシのある細打ち蕎麦と香り高い自家製七味に舌鼓

伊豆急下田駅から徒歩5分。店内には活気があふれ、テキパキとした接客が気持ちいい。広い店内は靴を脱いで上がる畳敷きで、窓から見える手入れの行き届いた庭には時折小鳥も訪れる。創業34年、ここが、蕎麦好きの間で知られる人気店だ。

主人・石塚啓太さんが毎朝打つ蕎麦は、やや細めながらしっかりとしたコシがあり、喉越しの良さも魅力。お薦めは「鴨汁そば」だ。まずは蕎麦だけをそのまま味わい、洗練された風味を堪能し、次は鴨肉の旨味、ナスやシシトウの甘みが溶け合うまろやかなつゆに、蕎麦をつけて…。と、ここでお薦めしたいのが「自家製七味」。青海苔とゴマの風味が香り立つ七味が、蕎麦の味を一層引き立て、相乗効果を生む。ぜひお試しを。

上:「あらいそ」530円。きな粉をまぶした蕎麦豆腐を自家製あんで
下:「鴨やき」1650円。ジューシーで厚切りの鴨肉に自家製七味と大根おろしをあわせて

蕎麦粉 北海道・福井・長野産/自家製粉石臼挽き
製麺 二八/手打ち
だし 枕崎産本枯節/一番だしのみ
つゆの味 甘 ・・✻・・ 辛

十割にして、喉越し良好
みずみずしい極細打ち

そば処 朴念仁

Sobadokoro Bokunenjin

修善寺の風情になじむ趣きのある日本家屋。玄関で靴を脱ぎ、上がった奥座敷からは窓辺に「竹林の小径」が広がり、ゆったりと時間が流れる。ここは、ミシュランで一つ星を獲得した日本橋「仁行」の主人が開店し、現在は平山重和さんが店主を務める蕎麦通御用達の店だ。

蕎麦は、剥き実を石臼で挽いた自家製粉のみで打つ十割。つなぎ不使用だがその姿は極細でみずみずしく、するりと喉を通る。この喉越しのよさこそ、この店の真骨頂だ。だしに使用するのは、備長炭直火焼本節。「せいろ」はシンプルにこのだしのみを使い、メニューにより宗太鰹節や鯖節を加え調節している。

「季節の蕎麦」は、トマト蕎麦やひやかけ、きのこ蕎麦など、季節感のある味が楽しめると人気だ。

「ごま汁蕎麦」1350円と、「せいろ蕎麦」1050円（蕎麦は同じ）

右:「焼き味噌」500円
下:「天せいろ」2200円には由比産桜エビのかき揚げが付く

蕎麦粉 産地は時期により異なる。丸抜き／自家製粉石臼挽き
製麺 十割／手打ち
だし 備長炭直火焼本節、宗太鰹節、鯖節も一部使用
つゆの味 甘 •—•—✱—•—• 辛

そば処 朴念仁

住所 伊豆市修善寺3451-40
電話 0558･73･0073
営業 11:00～15:00LO
※蕎麦がなくなり次第終了
休み 水曜（祝日営業、翌日休み）
席数 22席
駐車 4台

お品書き
鴨ねぎ蕎麦 1650円
天せいろ蕎麦 2200円
おろし蕎麦 1250円
だし巻玉子 800円

「鴨ねぎ蕎麦」1650円。ゴマ油にマリネしたフランス産小鴨を使用

コシの強い「田舎そば」840円。製粉時に出る甘皮を混ぜている

蕎麦粉	北海道・茨城・長野産／自家製粉石臼挽き
製　麺	二八／手打ち
だ　し	九州産本枯節、北海道産昆布、松崎産椎茸
つゆの味	甘 —•—•—•—*— 辛

笊蕎麦 小邨

住所　賀茂郡松崎町伏倉43
電話　0558・42・3317
営業　11:00〜16:00
休み　火曜（祝日営業）
※不定休あり
席数　30席
駐車　10台

お品書き
もりそば 840円
焼き味噌 220円
辛味おろしそば（夏季限定）1150円
そばぜんざい 840円

笊蕎麦 小邨

Zarusoba Komura

西伊豆で堪能する翁系の味 蕎麦好きに愛される名店

西伊豆という観光地にも関わらず、遠方からのリピーターが多いこの店。品書きには「もりそば」「田舎そば」「そばがき」「そばぜんざい」そして酒に添える「焼き味噌」。シンプルにこの5行のみが並ぶ。真摯に蕎麦の味を追求し、冷たい蕎麦だけを提供する。

「翁達磨」で修業を積み、2日に1度、10時間以上かけて自家製粉する蕎麦は、毎朝その日使う分だけを打つ。その引き締まった香り高い打ち立ての蕎麦が評判を呼んでいる。

だしの風味が豊かに香るつゆは、キリリと辛口の味わいが翁系ならでは。蕎麦の風味を存分に味わえる「そばがき」は、蕎麦粉100%できめ細かくなめらか。5種類の薬味で味の変化を楽しめるのもおもしろい。

上:「そばがき」1150円。海苔、鰹節、大根おろし、山葵、ネギ付き
下:「もりそば」840円

そば処 利庵

Sobadokoro Toshian

細打ち蕎麦と新食感の蕎麦がき コースで堪能したい絶品料理

つゆはうちの看板。よそには負けられない自信作—と店主・佐藤利美さんの言葉は力強い。最高級の本枯節、希少な羅臼昆布など材料にとことんこだわり産地へ出向き生産者と会って仕入れをする。中でも決め手は醤油。長野県の名店「大久保醸造」で3年間じっくり熟成された醤油を使用。辛さも甘さも感じず、鰹節も昆布も醤油も立つことなく、すべて控えめに、調和の取れた絶妙なバランスでつゆは作られる。それゆえ口に含むと香ばしさすら感じるほど香り高い。蕎麦は「せいろ」と「粗びき」を用意。いずれもさらっと食べられる細打ちで、食感も喉越しもさわやかだ。そして語らずにはいられないのが2種類の蕎麦がき。極限まで細かく挽いた蕎麦粉で作る「富士の淡雪」と、手挽きの粗い粉で作る「はだれ富士」。蕎麦の風味はもちろんだが、なによりも食感に衝撃を受ける。「富士の淡雪」はプリンのようになめらかで、「はだれ富士」はすりおろした山芋のようなとろみが口に広がる。蕎麦がき目当てに訪れる客が多いのも納得だ。蕎麦、蕎麦がきを楽しむなら昼夜ともにお得なコースがお薦め。「おまかせコース」4500円で蕎麦料理を堪能できる夜は、1組限定の完全予約制。早めの予約を。

蕎麦粉 信州産玄蕎麦／石臼挽き（一部手挽き）
製麺 一九／手打ち
だし 鹿児島県山川産本枯節、羅臼昆布
つゆの味 甘 ―・―・＊・―・― 辛

「そばランチコース」の蕎麦は「せいろ」、「粗びき」から選べる

「にしんそば」1600円。店で炊いたニシンが美味とファンが多い

「そば団子」250円と「そば湯抹茶」200円

そば処 利庵

住所 富士宮市小泉2494-4
電話 0544·23·3691
営業 11:00〜 ※蕎麦がなくなり次第終了、18:00〜20:30（1組限定、完全予約制）
休み 月·火·水曜
席数 20席
駐車 10台

お品書き

源平そば 1100円
せいろ・粗びき 各800円
お昼のそば三昧コース 3000円
そばランチコース 1500円（平日）、2000円（土・日曜、祝日）
そばがき（はだれ富士、富士の淡雪）各800円

「平日そばランチコース＋そばがき」1900円（お好み一品は5種類の中から選べる）。写真の内容に蕎麦が付く

「汁なしそば」で食べ比べ
蕎麦湯割も楽しみたい

そばの実 一閑人

Sobanomi Ikkanjin

茨城からは常陸秋蕎麦を、福井からは丸岡の在来種を、それぞれ玄蕎麦を真空状態で仕入れ、色と風味を保った鮮度のいい状態で自家製粉。玄挽きした蕎麦と生粉打ちした蕎麦がこの店の看板メニューだ。好みの一枚に加え、別品種の「汁なしそば」500円を頼み、味わいの違いを堪能してみてはどうだろう。蕎麦の食べ比べなど、そうそうできるものではない。

「香りねぎそば」1150円などのオリジナルメニューのファンも多いが、店主は「古典的なメニューも大切にしたい」と話す。その言葉通り、品書きには粋なメニューが並ぶ。岩海苔をかけそばに咲かせた「磯の香り花巻そば」、温泉玉子で雲をかけた「かすみ月見そば」950円…。たまにはこんな風流な蕎麦を味わってみるのも悪くない。

さて蕎麦の締めはやはり「蕎麦湯」だ。この店は蕎麦湯用に挽いた粉を使ったトロトロ濃厚なポタージュ風。これで焼酎を割る「そば湯割り」も通にはたまらないだろう。日本料理の修業経験も持つ店主が作る、酒のアテなどの一品料理と共に楽しみたい。特別仕立の夜の懐石コース料理（3500円～・1週間前までに要予約）もあるので、ゆったり会食するのもいい。

蕎麦に付く甘味。この日は「峰岡豆腐　花豆ソース」

蕎麦粉	北海道・福井・茨城県産玄蕎麦・丸抜き／自家製粉石臼挽き
製麺	一九・十割／手打ち
だし	枕崎産本枯節、割鯖
つゆの味	甘 •—•—✱—•—• 辛

そばの実　一閑人

住所　富士宮市内野1551-42
電話　0544・54・0507
営業　11:30～14:00LO ※蕎麦がなくなり次第終了、昼は予約不可
17:00～21:00（20:00LO）
※完全予約制
休み　月曜夜、火曜
席数　22席　駐車　20台

お品書き

磯の香り花巻そば 1150円
冷おろしそば 1200円
豚の丸煮 800円
タンの鍬焼き 700円
赤唐辛子の佃煮 300円

右:3日間かけて炊きやわらかく仕上げた「牛すじのそば湯炊き」800円

「玄挽きせいろ」850円。皮のえぐみと
荒々しい舌触りが特徴

手打ちそば いしどう

Teuchisoba Ishido

丁寧な仕事と温かな接客 里山でやすらぎのひとときを

毎朝蕎麦を打つ店主の石堂和夫さん

小さな山麓ののどかな住宅地にありながら、近隣客のみならず、県外からの客も年々増えている店。物腰のやわらかな主人が、「おいしい蕎麦を食べてもらいたい」と誠実に蕎麦打ちに励んでいるからだ。サラリーマンを早期退職後、蕎麦打ちに心を奪われ、一茶庵で修業し開業。住宅を改装した店舗で家族経営しており、そのアットホームな雰囲気も、魅力のひとつだ。

多くの客が注文するのは「月替りランチセット」。クルミ汁で味わう7種類の野菜をのせた盛り蕎麦や、銀杏、巨峰、梅干しの変わり種天ぷらなど、毎月趣向を凝らしたメニューになっている。そのほか「箱根西麓の自然薯」４００円は、とろろ、短冊、天ぷら、ステーキと4種類の調理法で味わえ、中でもすりおろした自然薯をこんがりと焼くステーキが人気だ。冷めてもふっくらとやわらかい、蕎麦つゆを使った「そば屋の玉子焼き」も必食だ。

夜は「お客様を大事にしたい」との思いから1日1組限定。前日までの予約制で「そば懐石コース」（1人２０００円～・2人～）が楽しめる。「そば焼酎雲海」２０００円をはじめ、九州の焼酎各種と共に堪能したい。

蕎麦粉 水府産常陸秋蕎麦粉／石臼挽き
製麺 二八／手打ち
だし 枕崎産本枯節厚削り、高知産宗太鰹節、房州産鯖節、花鰹
つゆの味 甘 ・・＊・・ 辛

上：「そば焼きみそ」400円。プチプチ食感の蕎麦米に、味噌やクルミを混ぜ、こんがりと焼いてある

手打ちそば いしどう

住所 三島市沢地251-4
電話 080･5294･1951
営業 11:00～ ※蕎麦がなくなり次第終了
18:00～21:00（予約制／1日1組限定）
休み 火曜、第1･3水曜（祝日の場合は状況による）
席数 18席
駐車 15台

お品書き

つけ鴨そば 1500円
天もりそば 1600円
おろしそば（5～10月限定） 1000円
そば屋の玉子焼き 300円
わらび餅 300円

「月替りランチセット」は1000円。写真はゴマ汁の「もりそば」「そば屋の玉子焼き」「大和芋の磯部揚げ」「黒ごまプリン」(9月のメニュー)

力強い「粗挽」と喉越しの「細挽」その違いを楽しみたい

石碾蕎麦 おもだか

Ishibikisoba Omodaka

住宅街にさりげなく溶け込む清楚な外観。明るく開放的な店内には、やさしい曲線の流木家具が配され、落ち着いた空間を作る。穏やかな夫妻が営む、長居してしまいそうな雰囲気の店だ。

毎朝丁寧に時間をかけて打つ蕎麦は、モチモチとした弾力を持つ力強い味わいの「粗挽」と、喉越しの良さが自慢の「細挽」の2種類。当然のことながら、人気メニューはこの両方が食べられる「二種もり」。食感の違いを、まずは楽しんでほしい。

「いい蕎麦の実を仕入れることが大事」。これが店主・川口浩二さんの信条で、毎年さまざまな産地の蕎麦を試し、一番おいしいと思ったものを使うのだという。つゆは、以前は辛口、甘口の2種類を提供していたが、静岡人の好みに合わせて改良を重ね、現在は完成した一種に絞り提供している。「必要な材料をさらに厳選し、まだまだ追求していきたいんです」と楽しそうに話す店主の姿に、この先にも期待が膨らむ。

メニュー数は決して多いとは言えないが、どれも吟味を重ねたものばかりで、桜エビのかき揚げをのせた「桜えびのかき揚げそば」も自慢の一品。「そばがきあんこ」もお薦めだ。

しっとりと肌に馴染む流木家具。イスの座り心地もいい

蕎麦粉	北海道・茨城・栃木・福井・長野県産／自家製粉石臼挽き
製麺	九一／手打ち
だし	伊豆田子節、利尻産昆布
つゆの味	甘 ・・＊・・ 辛

上:「西伊豆 潮かつお ぶっかけおろし」1100円。潮鰹の旨味があふれる一品
上左:「野菜の天ぷら」400円。季節野菜の天ぷらが驚きの価格で楽しめる

石碾蕎麦 おもだか

住所　沼津市岡宮893-4
電話　055･922･2867
営業　11:30～14:30
　※蕎麦がなくなり次第終了
休み　火曜(祝日営業、翌日休み)
席数　18席
駐車　8台

お品書き

もり 800円
桜えびのかき揚げそば 1400円
鴨汁そば 1500円

「二種もり」1400円。粗挽と細挽、両方食べたい人にお薦め

艸季庵

Soukian

富士の湧水で打つ蕎麦を移りゆく季節と共に味わう

国道246号から一本それた通りを行くと、四季折々の木々に囲まれた築60年以上の趣きある建物が目に入る。蕎麦屋「艸季庵」だ。ここで味わうのは、店主・横山誠さんが素材一つ一つに手間を惜しまず、こだわり続けた自慢の蕎麦。蕎麦粉は皮が付いたままの玄蕎麦と丸抜きを、毎日必要な分だけ石臼で手挽きし、粗挽き粉、微粉、食感を出す甘皮を絶妙なバランスで合わせる。この配合が蕎麦の風味と、喉越しの良さを生み出している。そして毎朝汲んでくる富士の湧水で打ち付けることで、キリリとコシのある食感がプラスされる。

静岡県内ではこの店でしか味わえないという「しぼりせいろ」は、辛味大根の辛さと味噌、店主の打った蕎麦との相性がたまらない逸品。これを目当てに来店する客が多いというのも納得だ。

「鴨せいろ」1600円。鮮度のよい最高級鴨肉を使用

蕎麦粉	茨城・福井県産／自家製粉石臼挽き
製麺	九一／手打ち
だし	枕崎産本枯節、利尻昆布、国産椎茸
つゆの味	甘 ・・・✱・・・ 辛

艸季庵

住所 御殿場市杉名沢306-1
電話 0550-88-0808
営業 平日11:30～14:30LO※土・日曜、祝日は～15:00LO
※昼は蕎麦がなくなり次第終了、
17:00～18:30LO※土・日曜、祝日は18:00～19:30LO
※夜は要予約
休み 月曜（祝日営業、翌平日休み）
席数 20席
駐車 15台

お品書き
天ぷらせいろ 1600円
せいろ800円
揚げそばがき700円
だし巻玉子700円

「しぼりせいろ」1000円。大根のしぼり汁に信州の味噌を溶いて食べる

「ざるそば（粗挽き）」900円。透明感があるコシの強い香り高い蕎麦だ

石碾き手打ち蕎麦 蕎盧庵

Ishibikiteuchisoba Kyouroan

すべてを手作業で仕上げる「粗挽き」を辛つゆで食す

東京・国立市に店を構えていたが富士山の麓のこの地に移転。江戸の粋を伝える辛口のつゆで蕎麦を提供する。

つゆは倉敷の3年寝かした天然醸造醤油、三河味醂、白ざらめを使い3カ月間寝かしたかえしに、枕崎産鰹節の厚削りから取っただしを合わせ、湯煎にかけて寝かす。鰹の香りを飛ばし、コクと旨味だけを抽出した辛口のつゆができあがるというわけだ。

蕎麦は玄蕎麦を仕入れ、自家製粉。店主自ら直接農家へ足を運び、直接仕入れることもある。石抜き、磨き、脱皮、石挽き製粉と全工程を手作業で行い、手打ちする粗挽きの蕎麦は、まさに看板メニュー。まずはなにも付けずにそのままで、蕎麦本来の味を噛み締めて、その先は店主自慢のつゆで味わいたい。

蕎麦粉 茨城古河産玄蕎麦／自家製粉石臼挽き
製麺 二八／手打ち
だし 枕崎産鰹節、利尻昆布
つゆの味 甘 ・―・―・―✱―・ 辛

石碾き手打ち蕎麦 蕎盧庵

住所 御殿場市東山288-3
電話 0550･82･8702
営業 11:30〜15:00
※蕎麦がなくなり次第終了
休み 月曜、第1火曜
席数 28席
駐車 12台

お品書き
ざるそば（粗挽き） 900円
桜海老のかき揚げ天ざるそば 1600円
鴨汁そば 1600円
天ぷらの盛り合わせ 1700円
桜海老づくし 1400円

「玉子焼き」700円

上:「桜海老づくし」1400円。由比出身の主人が選ぶ新鮮な桜エビを刺し身、釜揚げ、かき揚げの3種類で

江戸蕎麦と天ぷらを味わい「蕎麦あと」には本格コーヒーを

そば処 古庵

Sobadokoro Koan

江戸前の基本に忠実に、やや辛めのつゆで食べる喉越しの良い二八蕎麦。これを求めて多くの蕎麦っ喰いがやってくる。

ちょっと珍しい、茹でたセリが豪快に盛られた「せりそば」は、富士宮の湧水で年間通して育つセリを使用。この地ならではの一品だ。「季節の天ぷら」の評判も上々で、春は山菜、秋はキノコ、柿やイチジクなどの果実も楽しめる。

「来て下さった方々の、ここでの時間を大切にしたい」との思いから、客席はゆったり取り、道路側にはあえて窓を作らないなど、くつろいで過ごすための空間づくりにも余念がない。そして蕎麦前ならぬ、「蕎麦あと」には、注文ごとに豆を挽く店主こだわりの本格コーヒーを用意。長居してしまいそうだ。席の予約ができないため、開店直後の来店をお薦めしたい。

ジャズが流れる店内

セリたっぷりでサクサクの「桜エビかきあげ」600円

リピーター率の高いこの地ならではの一品「せりそば」1000円

- 蕎麦粉　北海道・長野県産丸抜き／石臼挽き
- 製麺　二八／手打ち
- だし　鰹節、宗太鰹節
- つゆの味　甘・・・＊・辛

そば処　古庵

住所　富士宮市山宮2649-23
電話　0544・58・7793
営業　11:30～14:30(14:00LO)、17:00～20:00(19:00LO)
※昼夜とも蕎麦がなくなり次第終了
休み　月曜、第3火曜(祝日営業、翌日休み)
席数　24席
駐車　12台

お品書き

- 天おろしそば 1500円
- 四季の天ぷら 1400円
- もつ煮 400円
- おしるこ 600円
- 珈琲 400円

「穴子天三色そば」2000円。蕎麦は5種から選べる。写真は右下から時計回りに二八、田舎、さらしな

蕎麦粉 北海道産／自家製粉石臼挽き（蕎麦がきのみ）
製麺 二八（外二）・十割／手打ち
だし 枕崎産本枯節、土佐産宗太鰹節、北海道産昆布
つゆの味 甘・・・＊・辛

江戸変わりそば 飯嶋

住所	三島市泉町1-31
電話	055･975･8434
営業	11:30～14:00LO、17:00～21:00（20:30LO）※18:00頃～の場合あり
休み	火曜（祝日営業、翌日休み）
席数	45席
駐車	6台

お品書き
もりそば 750円
（さらしな、変わりそばは＋100円）
鴨汁そば 1200円
ごま汁そば（冷） 950円
とろろそば（冷） 1100円

この道37年の店主・飯嶋伸次さん

江戸変わりそば 飯嶋

Edokawarisoba Iijima

職人の技を感じる5種類の蕎麦の多彩な魅力を味わう

四季を彩る2種類の変わり蕎麦に定評のある店。変わり蕎麦の元となるのは御前粉１００％の生一本で打つ更科蕎麦だ。蕎麦の実の中心部から少量しか取れない御前粉はでんぷん質が多いため、ツルツルとした喉越しを楽しむ細打ちが必須。つなぎなしで１ミリ以下の蕎麦を打つのは職人の腕の見せどころだ。長年の修業を経た店主・飯嶋伸次さんの技が光る。目新しさではなく江戸時代から伝わる変わり蕎麦本来の味、季節の素材を使った風味を堪能してほしい。

毎日でも食べ飽きない二八蕎麦、力強い風味を噛みしめる田舎蕎麦も脇を固め、異なる味わいの５種類の蕎麦が揃う。「そば豆腐」５００円や「鴨焼」１３００円などの一品料理や甘味、日本酒も豊富だ。

黒い粒が光る
荒々しい十割蕎麦

手打ちそば 杉本

Teuchisoba Sugimoto

沼津駅近くとは思えない豊かな緑に囲まれた一軒家。和風建築の趣ある店内には中央に囲炉裏、座敷とテーブル席が並び、アンティークの照明が優雅な雰囲気を醸し出す。窓の外には庭園も広がる。

提供される蕎麦は、粗く挽いた十割蕎麦。荒々しさがその姿からもうかがわれる。やや太めの仕上がりで食感もよく、蕎麦本来の味わいが楽しめると評判だ。もちろん十割ならではのふくよかな香りも高く、だしがきいた濃い目のつゆとの相性もいい。

また蕎麦好き御用達の「鴨」も、濃厚な旨味を持つ、鮮度のいい厳選した本鴨を使用。「鴨せいろ」や「鴨南蛮」を目当てに来る客も多いという。一度炒めることで旨味とコクを増した「本鴨」のおいしさを、ぜひ一度味わってほしい。

右上:「天もりそば」1500円。車エビと季節野菜を天ぷらに
上:砂糖を使わず仕上げた「だし巻」800円

蕎麦粉 北海道十勝・福井産／自家製粉石臼挽き
製麺 十割／手打ち
だし 九州産本枯節
つゆの味 甘・・＊・・辛

手打ちそば 杉本

住所 沼津市本田町4-35
電話 055・921・8468
営業 11:30～15:00
※土・日曜、祝日は～20:00
※蕎麦がなくなり次第終了
休み 月曜、第3火曜（祝日営業、翌日休み）
席数 36席
駐車 15台

お品書き
もりそば 800円
アイスクリーム 350円
華もり 1500円

「鴨せいろ」1400円。歯応えのある鴨肉は野趣あふれる味わい

「粗びき」900円。粗く挽いた粉やピーナッツの粒々が目に見える

蕎麦粉 上伊那高遠・筑波下妻産
製麺 二八・十割／手打ち
だし 枕崎・山川・焼津産の粗砕節、スルメイカ
つゆの味 甘・・・・＊・辛

そば切り 遊玄

住所 富士市大渕2783-6
電話 0545・35・7737
営業 11:00〜14:00（13:45LO）、18:00〜21:00（3日前までのコース予約のみ）
休み 月・火曜（祝日営業）
席数 18席
駐車 7台

お品書き
そば茶アイス（夏季/5食限定） 400円
お焼き（冬季） 2個600円
御膳かき揚げ（冬季 or コース） 650円
お決まりセット「甲」（せいろ、粗びき、プリン or 珈琲） 1300円

そば切り 遊玄

Sobakiri Yuugen

「せいろ」「粗挽き」「禅味」味わいの違いを堪能したい

茶畑に囲まれた静けさの中に佇む一軒の蕎麦屋。高い天井とジャズのBGMが心地いい和の空間だ。

店主・望月孝訓さんが打つ蕎麦は全部で3種類。内中層挽き込みの「せいろ」800円と、挽きぐるみの「粗挽き」、そして玄蕎麦挽きの「禅味」900円だ。熱を持ちにくく、蕎麦の組織を壊さない蟻巣石の石臼で挽くいずれの蕎麦も、風味をしっかりと堪能できる中太打ちだ。

さてその食べ方だが、まずは何も付けずにそのまま。強い香りと味わいを噛みしめたら、次は、ボリビア・ウユニ塩湖のピンク岩塩を付けて。そして最後は店主自慢のつゆで。粗砕状の鰹節をじっくり煮だし、濃厚なコクを引き出しただしで作るつゆは、旨味が深く、蕎麦との相性も絶妙だ。

上:「鴨おろし」1600円（夏季）。驚くほどやわらかくジューシーな京鴨
中:「こがし醤油」小500円、大800円。岩海苔の香りが立ち上る蕎麦がき

蕎麦切り こばやし

Sobakiri Kobayashi

風味と香りを閉じ込める粗挽き蕎麦と自慢のつゆ

早朝4時から仕込み始め、丹精込めて打つ蕎麦は、風味と香りを引き出した粗挽き。福島・会津産、福井産の玄蕎麦の丸抜きを40分かけて石臼で手挽きし、「極粗挽き」と「粗挽き」の2種類に仕上げる。実はここに至るまでには、店主が求める荒い粉が挽けるよう石屋に目立ててもらった石臼を使い、試行錯誤。納得のいく粗挽き蕎麦になるまでには、4年の歳月を要したという。

つゆは本枯節のかび付きを使用した丁寧な作り。釜でだしを取り、かえしと合わせた後、湯煎にかけ、冷まし寝かせる工程を繰り返すこと丸5日。さらに1週間熟成させ、ようやく甘みと香りが凝縮されたつゆが出来上がる。まずは、オーストラリア産の塩「フルール・ド・セル」で、次は自慢のつゆにくぐらせて。最後は蕎麦湯で締めて「蕎麦」を堪能したい。

「蕎麦豆腐(ゴマ入り)」300円

「蕎麦がきしるこ」450円

「香味(極粗挽き太打ち)」900円、「風味(粗挽き細打ち)」900円

蕎麦粉 福島会津・福井県産玄蕎麦(新蕎麦は北海道産)/自家製粉石臼挽き・手挽き

製麺 二八・十割(土・日曜、祝日のみ)/手打ち

だし 本枯節かび付き、日高昆布、椎茸

つゆの味 甘 ・ ・ ・ ・ ＊ 辛

蕎麦切り こばやし

住所 富士市中野454-4
電話 0545・36・2132
営業 11:00～ ※蕎麦がなくなり次第終了
※金～日曜は11:00～13:40、17:00～蕎麦がなくなり次第終了
休み 水曜(祝日営業)
席数 21席
駐車 12台

お品書き

香味(極粗挽き太打ち) 900円
風味(粗挽き細打ち) 900円
吟醸 白(十割蕎麦) 850円
※新蕎麦の季節～3月
せいろ 750円

「板そば」700円。山形に伝わるもろ箱に敷かれた蕎麦。コシがありみずみずしい

蕎麦粉	山形・北海道産丸抜き／自家製粉
製麺	二八／手打ち
だし	宗太鰹節、日高昆布ほか
つゆの味	甘・・・・＊・辛

手打ち蕎麦 あだち

住所 富士市中里1484-1
電話 0545-34-4720
営業 11:00～15:00
休み 月・火曜
席数 15席
駐車 5台

お品書き
肉そば 800円
釜揚げ 700円
超辛味大根おろしそば 800円
鴨南板そば 1200円
板そば（2倍盛り）1300円

「そばがゆぜんざい」400円。控えめな甘さと蕎麦の実の粘りが楽しめる

甘辛のたれを絡めた「山形名物 玉こんにゃく」200円

冷気熟成させた雪室蕎麦
山形の「板そば」を堪能

手打ち蕎麦 あだち

Teuchisoba Adachi

山形県・村山出身の主人が打つ、「板そば」が人気を呼んでいる。村山地区の農家では、昔から蕎麦を振る舞い労をねぎらう風習があり、その際、木箱を用いたことからこの名が付いたという。

この店で使う蕎麦は、40トンの雪に囲まれた雪室で甘みを引き出した山形県産「ではかほり」の丸抜きに、北海道産「キタワセ」を合わせたもの。風味や香りを生かすため挽き方は粗めに。挽きたての状態から手打ちで仕上げた蕎麦は、蕎麦本来の風味とコシがしっかり楽しめ、辛口でキレのよいつゆとも合う。

蕎麦はほかに、山形名物の「つったい（冷たい）肉そば」や、パンチのある辛味の「超辛味大根おろしそば」なども。囲炉裏風の座卓を囲んで、ゆったり蕎麦を味わいたい。

二八と十割が揃う在来蕎麦「もり」。
種類豊富なアテで蕎麦屋呑みも

手打ち蕎麦　たがた

Teuchisoba Tagata

「かけそば」（宮崎・椎葉在来・二八）680円

在来蕎麦のおいしさに魅せられ、全国の在来蕎麦産地を回り、静岡在来を生産者と共にブランドとして育てることに力を注ぐ田形治さんの店「手打ち蕎麦　たがた」。ここでは静岡在来以外にもさまざまな蕎麦に出合うことができる。昨年は長野の黒姫、徳島の祖谷在来、福井の大野在来、浜松の在来など、直接現地に出向き27種類もの蕎麦を仕入れたという。それを真空パック（窒素封入）にし、茶工場の冷蔵庫を借り0度で低温保存。2年、3年貯蔵することで、さらにおいしくなる蕎麦もあるという。

この店の蕎麦作りは玄蕎麦の磨きから始まり、石抜き、粒揃え、脱皮、石挽き、篩、水回し、のし、包丁と丁寧に進められ、蕎麦打ちは日に4回ほど。どの品種を打つかは気分次第なのだそうだが、店の一番人気はやはり「もり」。二八と、在来十割がある。だしはモーツァルトを聞かせながらカビ付けされたという枕崎産本枯節と、羅臼昆布の天然2年物などを使用、醤油も数種をブレンドしている。そして通にお薦めしたいのは「かけ」。かけ用の汁がらみのいい蕎麦とつゆとの合わせは絶妙だ。

日本酒は純米酒を主に揃え、蕎麦焼酎「十割」の蕎麦湯割も人気。「天ぬき」あたりをアテに、まずは蕎麦前から楽しんでみてはどうだろう。

酒のアテにお薦めの、天ぷら蕎麦の蕎麦抜き「天ぬき」880円

1階はカウンターとテーブル席、2階にもテーブル席がある

お品書き

- もり・静岡在来十割 1000円
- 温野菜天ぷらそば 1100円
- 出し巻き玉子 磯海苔あん掛け 880円
- 蕎麦懐石・夜（月替わり） 3800円
- 名物天ぷらの たがた盛り（中） 1380円

蕎麦粉 静岡・鹿児島・徳島・長野産玄蕎麦／自家製粉石臼挽き・手挽き

製麺 二八・一九・十割／手打ち

だし 枕崎産本枯節、天然羅臼昆布

つゆの味 甘 ・―・―・―＊―・ 辛

店主の田形治さん

手打ち蕎麦　たがた

住所　静岡市葵区常磐町2-6-7
電話　054・250・8555
営業　11:30〜13:30、17:30〜22:00
※蕎麦がなくなり次第終了
休み　月曜、第1日曜、不定休あり
席数　42席
駐車　2台

食感と香り、喉越しの良さが楽しめる「もり」（宮崎・椎葉在来・二八）680円

右／シメジ、マイタケなどのキノコがたっぷり入った「きのこのあん掛けそばがき」880円
下／蕎麦焼酎「十割」を濃厚な蕎麦湯で割る「とろとろそば湯割り」600円

せいろ2枚で1000円
蕎麦をたっぷり食べたいときに

こなや

Konaya

開店から今年で10周年。「せいろ」が650円で、「お替りせいろ」が350円、せいろ2枚でちょうど1000円という価格設定は、「蕎麦をたくさん食べて欲しい」という店主・松岡洋二郎さんの思いから。研ぎ澄まされた蕎麦を少量いただくというスタイルの店とは、また少し違う、普段使いのできる蕎麦専門店といったスタンスが表れている。

自家製粉の二八蕎麦は、喉越しのよい、つやっとした透明感がある細切り。「自分は粗挽きが好きなので、若干粗めですが、個性が突出しすぎないよう、万人の好みに合わせてバランスを取っています」と店主が語る通り、つるっとそばを手繰りたいときに、ちょうど良い加減の仕上がりだ。そしてつゆも「奇をてらわず」鰹一本ですっきりした後口だ。

「みょうがそば」1050円は、5月から9月中旬までの限定メニューだが、毎年定番で続く人気のメニュー。さっぱりとしたミョウガの風味と、細切りのせいろ蕎麦が絶妙でさわやかだ。秋冬に登場する「けんちん」や「のっぺい」1100円は、蕎麦だけでなく手打ちのうどんを選ぶことも可能。季節ごとに味わえる蕎麦メニューが豊富に揃っている。

体が温まる「のっぺいうどん」1100円。10〜3月まで

蕎麦粉	北海道産／自家製粉
製麺	二八
だし	本枯節
つゆの味	甘・・・＊・・・辛

「みょうがそば」1050円。細切りのせいろとミョウガを、さっぱり味わえる。5月から登場

「そばがき」700円も人気。注文ごとに熱湯で手早くかいて仕上げる

お品書き

- ねぎ天せいろ 980円
- けんちんそば・うどん 1100円（10〜3月）
- せいろ 650円
- きのこそば 1100円（秋）
- 二枚目せいろ 350円

こなや

住所　静岡市葵区平和3-20-44
電話　054・273・9322
営業　11:00〜14:30、17:00〜21:00（20:30LO）
　　　※土・日曜、祝日は11:00〜21:00（20:45LO）
休み　不定休
席数　31席
駐車　12台

エビ2尾、野菜5種の天ぷらが付く「天せいろ」1450円。天ぷらも旬ごとに異なる種が並ぶ

「おせいろ」で味わう蕎麦の粋、喉越し

手打ちそば くろ麦

Teuchisoba Kuromugi

南青山の「くろ麦」で修業し、日比谷「くろ麦」を任された後、独立開業し27年。今や静岡を代表する押しも押されぬ名店で、蕎麦好きがこの店に足しげく通う。目当ては「おせいろ」だ。

「この店の蕎麦には『かど』がある」。多くの客がそう言う。喉を通る時に感じる心地いい蕎麦のかど、これこそが「くろ麦」蕎麦の醍醐味、店主・小澤博さんがこだわる「喉越し」だ。そしてさらに、「歯切れ」の良さも店主の目指す蕎麦に欠かせない。

蕎麦は国内産を使用。丸抜きを独自の目たてで石臼挽きし、目の異なる2枚の篩にかけ、甘皮の少ない蕎麦粉に仕上げる。水回しは素早くまんべんなく粒子一粒一粒に水を浸透させる。捏ね、のし、包丁、すべてに神経を尖らせて完成する蕎麦の太さは1.2ミリ、茹で時間は約20〜30秒。最上の「喉越し」と「歯切れ」で客の前に出される。ちなみにつゆは「鎌倉一茶庵」を基本とする伝統的な味を継承しているとのことだ。「おせいろ天盛」や「鴨せいろ」などで「おせいろ」を楽しむのもいい。

「鳥のレバー生姜煮」315円や自家製の「いかの塩辛」、旬野菜の「ぬた」など粋なアテも揃うので、蕎麦前を堪能したその後に、蕎麦を手繰ることをお薦めしたい。

「かも南蛮」1575円

蕎麦粉	国内産／自家製粉石臼挽き
製麺	二八／手打ち
だし	本枯節、羅臼昆布
つゆの味	甘 •—•—•—*—• 辛

「いかの塩辛」315円、旬野菜の「ぬた」420円、「身欠きにしんのうま煮」735円ほか

店主の小澤博さん

手打ちそば くろ麦

住所 静岡市駿河区さつき町8-15
電話 054･287･8539
営業 11:30〜15:00、17:00〜20:30LO
※日曜、祝日11:30〜20:30LO
休み 月曜
席数 40席
駐車 15台

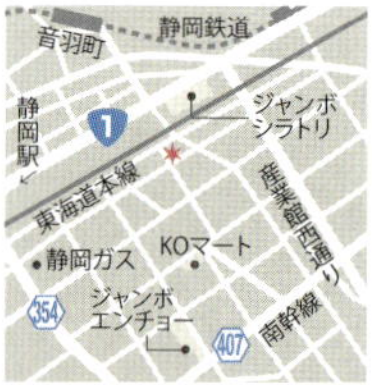

お品書き

おせいろ天盛 1470円
鴨せいろ 1575円
田舎そば 840円
そばがき 735円
さらしな 893円

看板メニュー「おせいろ」735円。ネギ、
大根おろし、山葵が薬味として付く

そば処 日和亭

Sobadokoro Hiyoritei

自家製粉に手間暇かけて三種五色の蕎麦を打ち分ける

県内外で修業し、昭和47年に沓谷で手打ち蕎麦の店を開店。10年後に現在の場所へ移転した。蕎麦の道を極め、今年で42年目を迎える店主・青島昭雄さんは、「捏ね」や「茹で」より製粉が大切と、自家製粉に手間を惜しまない。

「農家から直接仕入れた無農薬の玄蕎麦を一粒一粒選別して磨き、大きさを9段階に分けます。そして蕎麦殻と甘皮を取り除いて挽く『細打ち』、殻付きのまま挽く『田舎蕎麦』、一粒の実から20分の1しか取れない『更科』と、3種類を製粉します」。最初は手挽きだったが、現在は納得のいく粉が挽けるよう自ら改良した機械で製粉しているそうだ。

更科から作る名物の変わり蕎麦は、一茶庵の故・片倉康雄氏に学んだ弟子が開いた店で習得。常に行列ができていた繁盛店で昼間働き、夜に店主から1対1で教わった8カ月間は、最も充実したひとときだったという。

軽く、蕎麦の甘みを感じる白雪(更科)、香ばしいゴマやケシ、さわやかな香りのシソ、抹茶…。素材の良さを蕎麦と融合させる技は、これぞ名人というべき域に達している。喉越しのいい「細打ち」、濃い味と歯応えを楽しめる「田舎」、そして「変わり蕎麦」。ここではやはり五色の食べ比べを楽しみたい。

「そば金時」300円は、蕎麦の自然な甘みを感じる冷たいデザート

蕎麦粉 茨城・福島・福井県産など／自家製粉石臼挽き
製　麺 二八・一九(新蕎麦)・十割／手打ち
だ　し 枕崎産本枯節、北海道産昆布
つゆの味 甘 ・・・＊・ 辛

上:「せいろ」840円　左:「天せいろ」「天もり」に付く天ぷら。活きたまま揚げる浜名湖産のサイマキエビは殻付きで食べられる

そば処 日和亭

住所　静岡市駿河区聖一色12-1
電話　054-261-8011
営業　11:00～15:00
休み　木曜、第2・4水曜
席数　46席
駐車　11台

お品書き
田舎 900円
五色もり 1890円
天せいろ 1740円
三色天もり 2270円
そばがき 1300円

ゴマ、シソ、ケシ、抹茶、更科とつなぎ15%の細打ち、十割。実際は6〜7種類味わえる「五色天もり」2790円

コーヒーミルで蕎麦を挽く もちもちプチプチの超粗挽き

手打そば ながいけ

Teuchisoba Nagaike

58歳から蕎麦屋を開業した店主の長池泰弘さん。独自の方法が生み出した「粗挽き」蕎麦は、蕎麦店の系譜に当てはまらない独自の存在感を放っている。

看板メニューの「粗挽き三兄弟」は、石臼で手挽きした粗い粉で打つ「粗挽き」800円、「粗挽き十割」1000円、「手挽き」800円の3種類だが、2013年6月、そこに新たに末っ子の「超粗挽きせいろ」800円が加わった。

これは、従来の粗挽き粉にコーヒーミルで挽いた蕎麦の実を割ったような粒々の粉を加えて打った二八蕎麦。その粉は「この粉で蕎麦になるの?」と驚く粗さなのだが、完成した蕎麦はしっかりシャープ。一口噛みしめると、プチッとした食感がはじけ、もちもち感と穀物感のある蕎麦の香りが大地の力強さを堪能させてくれる。

またコーヒーミルで挽いた粒々の粉だけで掻いた「超粗挽きそばがき」1000円も絶品。あらかじめ吸水させ、2〜3時間寝かせておかなければならないため要予約だが、もっちりした食感と濃厚な甘さと香りは官能的とも言える味。蕎麦切りは「せいろ」を選び、粗挽きはこの「そばがき」で楽しむというのもいい。

英国製アンティークのイスと天然木の机が心地よい店内

蕎麦粉 茨城産常陸秋蕎麦・福井産丸岡在来種／自家製粉石臼挽き（粗挽き粉）
製麺 二八（外二）・十割／手打ち
だし 鰹本枯節、宗太本枯節（かけ汁は鯖節をブレンド）
つゆの味 甘 ・-＊-・-・-・ 辛

蕎麦湯は、粉を加えてとろとろに

上:店主一押しの「超粗挽きそばがき」1000円。コーヒーミルで挽いた粒々の「超粗挽粉」で作る。要予約
左:香りと旨味は一番強い「粗挽き十割せいろ」1000円

手打そば ながいけ

住所 藤枝市志太5-9-2
電話 054・644・8518
営業 11:30〜14:30 ※蕎麦がなくなり次第終了
夜は予約のみ営業
休み 月・火曜（祝日営業）
席数 18席
駐車 8台

お品書き
せいろ 700円
梅おろしそば 850円
桜えび天せいろ 1000円
満腹セット 1300円
手挽きせいろ 800円

「超粗挽きせいろ」800円（金曜限定・予約優先）。
ただし、2日前の予約で金曜以外でも食べられる

岡部町の一軒家 魅惑のアテは持ち帰りも可能

蕎麦庵 まえ田

Sobaan Maeda

藤枝市岡部町、「初亀酒造」や「大旅籠柏屋」からほど近い、旧国道から一本入った住宅地にある、店主・前田茂樹さんの自宅1階が店舗。山梨や長野で研鑽を積んだ後、焼津で蕎麦店を始め、2008年3月にこの地に居を構えた。

店内を入るとすぐ目の前が蕎麦打ちスペースで、奥には茨城県の常陸秋蕎麦を真空冷蔵しておくための冷蔵庫が鎮座する。「ざるもりそば」650円は、大臼で挽いた粉で打つ細めの蕎麦で、喉越しと香りを楽しむタイプ。つゆは岡部産干し椎茸の旨味がグッと力強い。手挽きの「粗挽き田舎そば」650円は、手間がかかるため平日限定のメニュー。黒味がかっていて、「ざるもりそば」とはまた違った味わいだ。

さてもう一つ注目したいのは、店内の冷蔵庫にぎっしり詰まっている店主お手製の酒肴。「鶏胸肉のハム」や「鴨肉ワイン醤油煮」「蕎麦味噌」など、いずれも店で提供する100円引きでテイクアウトできるのもうれしい。「自分が酒好きなもので」と話す店主が作る肴は、どれも酒好きのツボを押さえたものばかりだ。地元銘酒ばかりを集めた「志太五酒お試しセット」750円と共に、ぜひ店内でも味わってほしい。

蕎麦粉 茨城産常陸秋蕎麦／石臼挽き・手挽き（田舎蕎麦）
製麺 二八・十割（新蕎麦）／手打ち
だし 枕崎産本枯節、宗太鰹節、岡部産椎茸
つゆの味 甘 — 辛

上:蕎麦味噌付きの「志太五酒お試しセット」750円と「鴨肉ワイン醤油煮」1200円、「半熟漬け卵」100円
下:しっとり仕上げた「国産若鳥胸肉のハム仕立て」450円

手打ちそば 蕎麦庵 まえ田

住所 藤枝市岡部町岡部362-6
電話 054･667･3325
営業 11:00～14:30、18:00～20:00
※夜は土・日曜のみ営業、平日夜は予約のみ営業
休み 月曜（祝日は昼のみ営業）
席数 20席
駐車 6台

「黒はんぺのさつま揚げ風」300円

お品書き
辛味大根そば 1020円
天ざる 1380円
鴨ざる 1500円
粗挽き田舎そば 650円（平日メニュー）
夜のそばコース 3000円～（要予約）

「ざるもりそば」650円。つやめく美しい
蕎麦は、喉越しの良さと香りが魅力

蕎ノ字

Sonoji

蕎麦と天ぷらは日本料理の神髄 カウンターで揚げたてを

昼は手打ち蕎麦店、夜はガラッと雰囲気が変わり、カウンターの客前天ぷらや刺身などのコース料理と酒を楽しむ天ぷら店にと、二つの顔を持つ。店主の鈴木利幸さんは、日本料理の修業を積んだ職人で、地元駿河湾の魚介や、採れたての地場野菜などの天ぷらと、石臼挽き手打ち蕎麦で「どこにもない天ざる」を目指している。

蕎麦粉は、島根・北信州・北海道の3カ所から、収穫後すぐに石臼挽きにしたものを仕入れ、真空パックにして冷凍保存。島根県出雲の新蕎麦は、3月から11月末までで、「十割そば」850円として味わうことができる。

天ぷらは、昼に蕎麦と共に食べる場合は衣に花を咲かせて厚くし、単品で天ぷらとして味わうときには薄衣で仕上げる。さらに夜は、温度が違う2種類の油で素材に応じて、選び抜かれた食材を揚げ分ける。「蕎麦も天ぷらも、どちらも江戸前で完成した日本料理の神髄だから、両方極めたい」と語る店主の熱い思いが伝わる。

ここで一つ粋な食べ方を。昼でも「ざるそば」750円に、お好み天ぷらを1品付ければ、揚げたてを出してくれるので、ぜひ自分だけの「お好み天ざる」を。どれを選ぶかじっくり悩むのも一興だ。

蕎麦粉	島根出雲・北信州鍋倉高原・北海道蘭越町産
製麺	二八・十割／手打ち
だし	鰹節4種、羅臼昆布、屋久鯖節
つゆの味	甘 ・・・・＊・ 辛

上:鴨肉は藁で燻すひと手間をかける「鴨南そば」1550円。赤身の旨味だけを残す日本料理の手法だ
左:「ざるそば」750円。静岡基準よりつゆは少々辛いが、江戸前ほど辛すぎない

蕎ノ字

住所 島田市ばらの丘1-21-3
電話 0547・34・5234
営業 11:00～14:30LO
夜は18:00～予約のみ
休み 火曜、第3水曜
席数 24席
駐車 8台

駿河湾の幸、旬野菜など選び抜いた食材を天ぷらに

お品書き

おまかせ天ざるコース（夜）
2950円、3950円、5600円
ざるそば 750円
季節の天おろしそば 1550円
旬の天ざるそば 1950円
天ぷら単品 300円～

夜の「おまかせ天ざるコース」は2950円～。当日14時までの予約が必要。お造り・一品料理付きの夜コース(4500円～)は前日までに予約を

喉越しと歯応えで味わう きりりと立った蕎麦のかど
KURITA
kurita

街中にありながら、窓からは伝馬公園の緑が見える。店主の栗田博司さんが、開業の地にここを選んだ理由のひとつだ。カジュアルな雰囲気も、若者が多いこのエリアにふさわしい。

「喉越し、歯応え、香り。どれが欠けてもいけない。水と粉だけだから、ごまかしがきかないんです」と栗田さん。

蕎麦は福井県産の在来種を主に使い、丸抜きを石臼で二度挽く。打つ時は水回しに最も気を配り、茹で時間は22〜23秒。冷水で締めて出された蕎麦は、きりりとかどが立ち、蕎麦好きをうならせる。しかしほんの1〜2秒で蕎麦の状態は変わってしまう。食べる前に携帯電話で写真を撮る人が多い昨今だが「出てきたらすぐ食べてほしい」と注文も。

日本の伝統食を次世代に引き継ぎたいと、毎日真摯に蕎麦と向き合っている。

上:「蕎麦の実と枝豆と和風ジュレ」630円　下:福井県産在来種の香りを楽しめる「そばがき」735円

ふんわりやわらかくだしの旨味がきいた「玉子焼き」420円

「おせいろ」735円と「鴨焼き」1575円。夜は酒の肴が10品ほどある

蕎麦粉 福井県産など／自家製粉石臼挽き
製麺 二八／手打ち
だし 本枯節、羅臼昆布
つゆの味 甘 ・ー・ー・ー＊ー・ 辛

KURITA

住所　静岡市葵区伝馬町12-7 天馬パークビル1F
電話　054-255-7838
営業　11:30〜15:00、17:00〜21:00
※日曜、祝日は11:30〜21:00
休み　月曜
席数　25席
駐車　なし

お品書き
そばとろ 1100円
おせいろ天盛 1470円
鴨南ばん 1575円
焼みそ 420円
月見芋 630円

「辛味大根そば」(二八)840円は、最後にそば湯で割って味わうつゆも美味

蕎麦粉　北海道産／自家製粉石臼挽き
製麺　二八・十割／手打ち
だし　枕崎産本枯節、羅臼昆布
つゆの味　甘・—・—・—・＊・—辛

石臼挽き手打そば 吉野

住所　静岡市葵区鷹匠1-7-10
電話　054･255･3277
営業　11:30〜22:00
　※蕎麦がなくなり次第終了
休み　火曜
席数　26席
駐車　なし

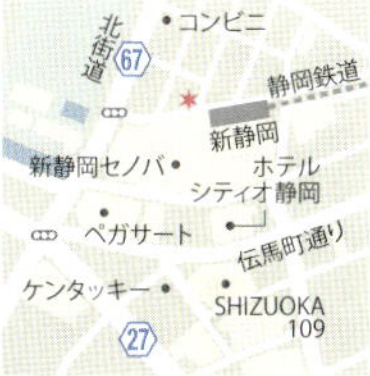

お品書き
季節の天ぷら盛合せ 1150円
鴨南ばん(二八)1470円、
(十割)1680円
天ぷらそば・せいろ天盛
(二八)1370円、(十割) 1680円
葱せいろ 1160円

石臼挽き手打そば 吉野

Ishiusubikiteuchisoba Yoshino

名店ひしめく鷹匠で蕎麦と言えば必ず名が挙がる店

和洋問わず名店が軒を連ねる静岡市鷹匠エリアで、蕎麦と言えば必ず名前が挙がる店。くせがなく、それでいて蕎麦のしっかりした旨味が感じられる吉野の蕎麦を愛する常連は多い。ごまかしのない味で勝負する真摯な姿勢は、新静岡駅鷹匠口を通りかかると窓越しに見える店主・吉野弘倫さんの蕎麦打ちの様子からも感じられる。

春は抹茶、夏はシソ、秋はゴマ、冬はユズと、季節ごとの「変わりそば」を楽しみにする客も多い。「辛味大根そば」のおろしに使う辛味大根や天ぷら用タラの芽、イタドリなどの山菜は、自家菜園で育てており、漬物も自家製。地酒をはじめ旨い酒を揃えているので呑み処としての魅力も大きい。おいしさには誠意も含まれると納得できる名店だ。

上:「季節の天ぷら盛り合わせ」1150円と「身欠きにしん甘露煮」750円

個性が光る酒肴も魅力 蕎麦呑みも楽しめる一軒

そばの実
Sobanomi

静岡で一、二を争う老舗蕎麦店を番頭格で務め上げた後、独立開店して25年。静岡で当時始まりつつあった食堂から蕎麦専門店への流れの先頭グループの一端を担い、静岡を訪れた人が立ち寄りたい店に挙げる人気店となった。

蕎麦は挽きぐるみで味が濃く、甘みが強いのが特色。季節の食材を活かし、春は山菜、夏はアサリ、秋はカキなど好みで選べる天ぷらも好評だ。

鴨せいろなどに使う鴨は、脂と臭みが合鴨より少なく、食感がいいフランス鴨。

中華風のスープで蕎麦をいただく「野菜スープそば」や自然薯を使った「そばとろ」、蕎麦粉が衣の「揚出し豆腐」など、ここならではの斬新なメニューが並ぶ。人気に甘んじることなく新しい蕎麦の世界を拓き続けている存在だ。

上:サクサクした食感の「天ぷらお好み(各種)」700円(写真は桜エビ)

蕎麦粉 国産(時期により変動あり)/挽きぐるみ
製　麺 〇・五 九・五/手打ち
だ　し 国産本枯節、国産鯖枯節
つゆの味 甘 ―・―・―＊―・― 辛

そばの実
住所　静岡市葵区川辺町2-2-3
電話　054・251・8000
営業　11:00〜21:00
※蕎麦がなくなり次第終了
休み　火曜、第3月曜
席数　22席
駐車　6台

お品書き
天せいろ(車海老小) 950円
そばとろ 1050円
野菜スープそば 950円
せいろ 700円
各種天ぷら 700〜900円

脂身が少なく、鴨肉の味に深みが感じられる「鴨せいろ」(9月末〜3月)1400円

「地鶏せいろ」1000円。つけ汁には軽く炙った十文字鶏、ネギ、シシトウが入っている

蕎麦粉	北海道産ほか／自家製粉石臼挽き
製麺	二八／手打ち
だし	3種の鰹節
つゆの味	甘・・・・＊・辛

手打ち蕎麦 太郎庵

住所 静岡市葵区古庄3-25-20
電話 054･263･8873
営業 11:00〜15:00、17:00〜20:00
休み 火曜（祝日営業）
席数 24席
駐車 10台

お品書き
- もり 650円
- 天付き冷かけ 1400円
- にしんそば（温） 950円
- えび天おろし 980円
- 地鶏の焼鳥 700円

手打ち蕎麦 太郎庵

Teuchisoba Tarouan

十文字鶏の旨味と鰹だしで二八蕎麦を楽しむ「地鶏せいろ」

八兵衛で修業後、独立し8年。若き店主・中谷雅則さんが腕を振るう店だ。

蕎麦は北海道産をメインに福井、茨城など、その時々に最良なものを仕入れ、自家製粉、石臼挽き。二八で打つ蕎麦は艶やかさと喉越しが特色だ。だしは3種類の鰹節を独自にブレンドしているという。

蕎麦好きには「鴨せいろ」ファンが多いが、この店ならではの「地鶏せいろ」も引けをとらない人気ぶりだ。つゆの主役はやわらかく甘い、岩手の「十文字鶏」。鶏の旨味と鰹だしの風味が相まって、「鴨」とはまるで違う味わいのつけ汁に仕上げられている。

平日限定だが蕎麦と炊き込みご飯、天ぷら、小鉢、デザートがセットになった「ランチ」も評判で、蕎麦はおろし、もり、かけ（温）から選べる。

平日限定の「ランチ」980円。写真の蕎麦は「おろし」

喫茶店的カフェ空間で オリジナリティーあふれる蕎麦を

そばきりカフェ まんげつや

Sobakiricafe Mangetsuya

古庄の神田橋の袂で49年続いた蕎麦店を継承して、「そばきりカフェ」という新しいコンセプトで開店して5年。建物の丸みを生かした壁、可愛らしいうさぎが見え隠れする内装など、店主夫妻の趣味が反映された空間は、喫茶店のような落ち着きとモダンなカフェの雰囲気が共存する。蕎麦＝和のイメージを超えた心地よさは女性ファンの心も捉えているようだ。

蕎麦は二八で、信州、会津など国産の粉をブレンドして打つ。黒はんぺんがのった蕎麦「かざぐるま（温・冷）」850円や、静岡市平野産の山葵、日本酒は地酒のみなど、随所に静岡愛が感じられる。

ランチタイムには蕎麦に「ミニサイズ蕎麦米ごはん」か「ミニサイズライス」と、「だったん蕎麦茶のミルクプリン」が無料で付くので、サラリーマンの昼ごはんにも好評だ。

上：特製クリームソースがのった一見スイーツのような「だしトマト」500円は夏限定
下：店名の満月を思わせる「やまかけ」900円

店主一押しの「桜海老の天せいろ」1200円。細めの蕎麦にかき揚げが付く

蕎麦粉 信州・会津産／自家製粉石臼挽き
製麺 二八／手打ち
だし 枕崎産本枯節
つゆの味 甘・・・・✻・辛

そばきりカフェ まんげつや

住所 静岡市葵区古庄3-3-11
電話 054・207・9611
営業 11:00〜14:30、17:30〜20:30LO
※蕎麦がなくなり次第終了
休み 木曜
席数 20席
駐車 9台

お品書き
もり 700円
くるみそば 950円
かもせいろ 1650円
だし巻き玉子（夜のみ）800円
天せいろ 1400円

採れたての山菜や野菜の天ぷらが11種類も付く「天婦羅せいろ」1300円

蕎麦粉 北海道産ほか
製麺 十割／手打ち
だし 国産鰹節厚削り
つゆの味 甘・✻・・・辛

そば処 池田屋

住所 静岡市葵区北沼上1480
電話 054･266･2206
営業 11:00～15:00（14:30LO）
休み 月曜（祝日営業、翌日休み）
席数 24席
駐車 5台

お品書き
とろろそば（10月末～1月末） 1450円
おろしそば 980円
みょうがそば 980円
天丼（味噌汁・漬物付） 1100円
皿そば 850円

上:「静岡おでん」1本100円
中:甘めの椎茸が蕎麦によく合う「しいたけそば」980円
下:山から切り出した竹で器を作る店主

そば処 池田屋

Sobadokoro Ikedaya

古民家でゆるりと味わう十割蕎麦 店主が採ってくる山の幸も魅力

市街地から車で20～30分。高台にある古民家は、広い縁側や囲炉裏があるのどかな雰囲気。蕎麦打ち道場に通い、その後は自己流で技を極めたという店主・池田雅則さんは「これまで食べた蕎麦の中で、お袋が作った蕎麦が一番旨い。あの味は忘れられない」としみじみ話す。母の味を目指して試行錯誤を重ね、蕎麦は北海道産ほか1種類をブレンドしてつなぎなしで打つ。だしは鰹節の厚削りを細かく砕き、竜爪山で汲んできた水を使用。濃い味と香りは、ここで蕎麦の味を覚えた子どもがほかでは満足できなくなるほどだという。

名物の「天婦羅せいろ」は、店主が山で採ってきた旬の山菜入り。春夏にはヤマメやアユ、秋冬には自然薯と、山の幸が楽しめるのも魅力だ。

朝霧高原豚の肉蕎麦など「自分らしい蕎麦」を探求

一本氣蕎麦

Ippongisoba

店主の鈴木將文さんは、千葉県柏の「竹やぶ」で修業後、蕎麦と和食の店数店で腕を磨き、昨年11月に静岡女子高の西に店を構えた。宮本武蔵の「五輪書」のファンで、店主いわく道場風に誂えた店内は、シンプルでゆとりのある造りになっている。

「蕎麦を打つことが楽しい」と語る店主。福井の農家が栽培する粉に惚れ込んで打つ二八蕎麦は、するっといける上品な喉越しで、この蕎麦に最適だと見極めた、やや軽めの盛り。足りない人は、「しるなし」（500円）があるので遠慮なく蕎麦を追加しよう。つゆは少し甘めの仕上がりだ。

「鴨南ではない肉の蕎麦を」と考案した朝霧高原豚の蕎麦は、甘みのある脂が蕎麦を引き立て、鴨肉よりくせがない味わい。「秋には田舎蕎麦も加えたいし、料理も魅力の店にしていきたい」と抱負を語る。

蕎麦屋の定番「やきみそ」400円、フリッター風の「鳥胸肉塩麹漬け」500円

「朝霧高原豚せいろ」1000円。汁は最後まで飲み干したくなるやさしい味だ

- **蕎麦粉** 福井・北海道産
- **製麺** 二八／手打ち
- **だし** 荒節、本節、蕎麦の種類により鯖節も
- **つゆの味** 甘・＊・・・・辛

一本氣蕎麦

住所 静岡市駿河区八幡3-1-21
電話 054-287-3777
営業 11:00〜14:00、17:00〜21:00
休み 月曜、第2火曜（祝日営業、翌日休み）
席数 21席
駐車 5台

元プロボクサーという異色の経歴を持つ店主の鈴木将史さん

お品書き

せいろ 700円
天せいろ 1300円
朝霧高原豚そば 1000円
朝霧高原豚小豚丼 450円
だしまき 500円

「せいろ」と「田舎そば」各724円。田舎の麺の太さは約3ミリ、歯応えがいい

蕎麦粉	北海道・アメリカ・中国産玄蕎麦／自家製粉石臼挽き
製　麺	二八／手打ち
だ　し	薩摩産本枯節、鯖節
つゆの味	甘・✱・・・・辛

蕎麦屋 八兵衛 静岡店

住所　静岡市駿河区小黒1-7-14
電話　054・284・1331
営業　11:00〜21:00
休み　無休
席数　49席
駐車　30台

お品書き

天つきせいろ 1470円
鴨汁せいろ 1669円
天おろし 1102円
けんちん田舎そば 1134円（9〜5月）
汁つきそばがき 934円

蕎麦屋 八兵衛 静岡店

Sobaya Hachibee

玄蕎麦を「押し挽き」して打つ職人技の光る二八蕎麦

一茶庵足柄本店で修業し1975年、藤枝市に暖簾を掲げ、のちに静岡店も開店。蕎麦職人歴42年。店主・町塚延夫さんのもとで修業し独立した職人の店も数多くある。

店主がこだわる蕎麦の最大の特色は玄蕎麦を押し挽きする「挽き」にある。殻を磨き、汚れを落とした後、殻のまま挽き、篩でより分け、甘皮の少ないでんぷん質の高い粉に仕上げる。配合は二八。太さはせいろなら1.2〜1.5ミリ。喉越し、歯触り、香りのバランスがとれた蕎麦が完成する。

醤油、みりん、砂糖を合わせた「生がえし」と、鰹節でとっただしで作られるつゆは、やや甘め。まずはなにもつけず蕎麦だけで、次は塩で一口。その先はいつものようにつゆにつけて、そんな食べ方をお薦めしたい。

だし巻き玉子、どんこ、鶏肉と具だくさんな「おかめそば」1134円

往時を偲ぶ旧東海道で
生粉打ちのみずみずしい蕎麦を

手打ち 十割そば 蕎麦処 きしがみ

Teuchi Juuwarisoba Sobadokoro Kishigami

国道1号線を少し外れ、山の中へ。数々の名歌に詠まれた「蔦の細道」沿いの静かな集落に佇む。木の温もりを感じさせる佇まいや、店先の草花に心癒される風情ある蕎麦処だ。

蕎麦はすべて十割。いわゆる田舎蕎麦のような、黒くボソボソとした十割蕎麦とは全く異なり、細打ちでたおやかな仕上がりだ。「つなぎは使わず水のみで打ちます。茹で時間は15秒」と話す店主の岸上浩さん。つなぎを使わず蕎麦粉のみで打つ「生粉打ち」のため麺はとても繊細で、すべてオーダーが入ってから1人前ずつ茹でるのだと言う。蕎麦肌に水をまとわせた茹で上がりは、しなやかで美しい。

さまざまな一品料理やプリプリの手打ちうどんも評判。古来から続く街道の散策も楽しみたい、山里の一軒だ。

ごく弱火で1週間煮込んで仕上げる「ニシンの煮付け」840円

蕎麦粉　長野・北海道産
製　麺　十割／手打ち
だ　し　本枯節、釧路産昆布
つゆの味　甘・・・・・＊辛

手打ち 十割そば 蕎麦処 きしがみ

住所　静岡市駿河区宇津ノ谷232-2
電話　054・258・5664
営業　11:00〜14:00LO
休み　月曜、第1・3火曜（祝日営業、翌日休み）
席数　26席
駐車　5台

お品書き
マイタケ天せいろ 1312円
鴨焼きおろし蕎麦 1575円
尾瀬蕎麦 1260円

「鴨焼き」1050円など一品料理も揃う

しなやかで美しい十割蕎麦の「せいろ」840円。かえしは蜂蜜を使い、静岡の標準より甘さ控えめ

エビや野菜の天ぷらが付く「天種せいろ」1430円。せいろの山葵は、自分で好きなだけおろすことができる

蕎麦屋 慶徳

Sobaya Keitoku

弾力とコシが魅力の二八蕎麦と、アテには名物「とりもつ」を

静岡市の「八兵衛」での10余年の修業を経て、2013年に開店。つくばいのある庭を眺めながら、ゆったり蕎麦と酒が楽しめる店として、人気を呼んでいる。

国産の蕎麦にこだわる店が多い中、「あえて、国内産にはこだわりません。その時々の最高の蕎麦を、国内外を問わず仕入れています」というのが店主・慶徳秀和さんのポリシー。今年はアメリカ産なども使うなど、目利きに自信がなければできない技だ。

蕎麦は玄蕎麦から自家製粉した粗挽きに、小麦をつなぎにする二八蕎麦。弾力のある食感とコシが特色だ。

アテには甘辛さがクセになる「とりもつ」「だしまき」350円、「板わさ」450円、「京にしん」400円あたりがお薦めだ。

蕎麦粉 北海道・アメリカ産など／自家製粉石臼挽き
製麺 二八／手打ち
だし 薩摩産本枯節、羅臼昆布
つゆの味 甘・・＊・・辛

蕎麦屋 慶徳

住所 静岡市清水区七ツ新屋2-1-63
電話 054･348･6052
営業 11:00～21:00
休み 無休
席数 50席
駐車 20台

お品書き
せいろ 690円
鴨せいろ 1350円
かきそば 1540円（季節限定）
おかめそば 1100円
山かけそば 990円

季節を問わず人気の「天おろし」1100円と「とりもつ」550円

手打ち蕎麦を気軽に楽しめる アットホームな町の蕎麦屋

手打ち蕎麦・うどん・丼 あさ乃

Teuchisoba Udon Donburi Asano

昭和41年に開店し、半世紀近く地域の人に愛されてきた。2代目の浅野良和さんは市内の名店で修業を積み、「町の蕎麦屋」を継承しつつ、修業先で教わった手打ち蕎麦を気軽に食べてほしい、と話す。

自家製粉でない分、ブレンドで納得できる味を出したいと玄挽き、丸抜き、粗挽きと挽き方の異なる3種類の蕎麦粉を使用。一方、だしは父・登さんの味を受け継ぎ、本枯節にムロアジ節を加えてコクを出す。冷たい蕎麦には有東木の生山葵が添えられているのもうれしい。

「格好つけずお腹いっぱいになるように蕎麦と丼のセットもあります。天ぷらをつまみにお酒を呑んで蕎麦で締めてもいいし、使い勝手のいい店でありたい」と2代目。家庭的なもてなしも、町の蕎麦屋ならではの持ち味だ。

「八兵衛」で3年間修業した後、実家の店に入った2代目の浅野良和さん

蕎麦粉	北海道産
製麺	二八・一九／手打ち
だし	御前崎産本枯節、ムロアジ節、羅臼昆布
つゆの味	甘・・＊・・辛

手打ち蕎麦・うどん・丼 あさ乃

住所 静岡市清水区西久保176-33
電話 054･366･1289
営業 11:00〜14:00、17:00〜21:00(20:30LO)
休み 木曜、第3金曜
席数 27席
駐車 8台

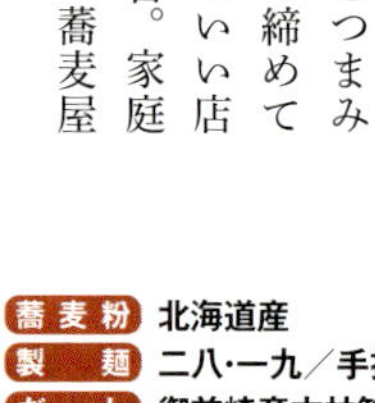

お品書き

- 鴨せいろ 1100円
- 天おろし 1100円
- カレー南蛮そば(うどん) 880円
- 中華そば 580円
- 野菜天ぷら 400円

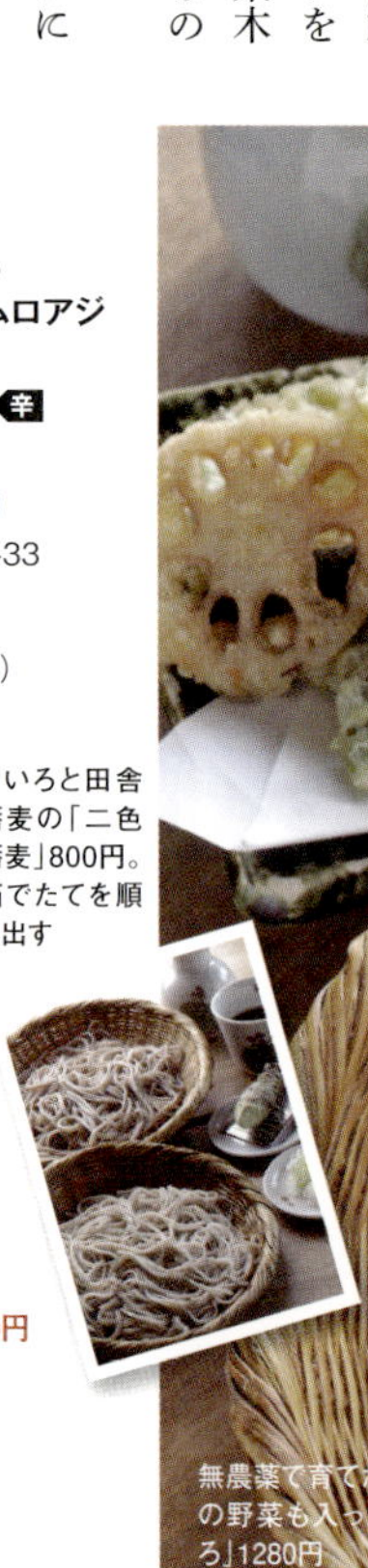

せいろと田舎蕎麦の「二色蕎麦」800円。茹でたてを順に出す

無農薬で育てた自家菜園の野菜も入った「天せいろ」1280円

「福井在来の十割蕎麦」900円

蕎麦粉	北海道・福井県産玄蕎麦／石臼挽き
製麺	二八・十割／手打ち
だし	枕崎産本枯節、宗太鰹節
つゆの味	甘 ─・─・─・─＊─ 辛

そば屋 案山棒

住所　焼津市大住99
電話　054･627･7222
営業　7:00～9:00LO、11:30～14:30LO
休み　月曜、火曜（祝日営業）
席数　20席
駐車　20台

お品書き

せいろ 750円
田舎そば 850円
子牛すじ丼 400円
やきみそ 300円
だし巻 400円

そば屋　案山棒

Sobaya Ansanbou

アートな空間が蕎麦の味をより豊かに「朝蕎麦」のある翁系の店

高橋名人の広島「達磨」、その弟子筋が開いた箱根と広尾の「暁庵」で合わせて5年弱の修業をした翁系の店。

開店は２０１０年10月で、朝は通常メニューのほかに、朝限定の「せいろ」と「かけ（冷・温）」があり、いずれもワンコインで提供する。

翁系というと、「せいろ」と「もり」のみの店が多いが、「玄米茶そば」「よもぎ蕎麦」などの変わりそばも楽しめる。また「とれたてのおいしさを楽しんでもらいたい」と、「野菜天もり」８００円など料理にも力を入れる。

付近は住宅と農地が入り混じる一角、敷地の隣りには、店主の星野建一郎さんが自ら耕す田んぼも広がっている。窓越しに、季節を感じながら、蕎麦を手繰るのも楽しい。

「冷がけの　よもぎでモロヘイヤ」1100円（季節限定）

店内にはギャラリースペースもある

住宅街の隠れ家的な店 ほかにないオリジナル蕎麦が好評

SOBA笑

Soba Sho

蕎麦打ちの趣味が高じて腕を上げ、ついには自宅を改装して蕎麦屋に。住宅街の中にある店はこぢんまりとした広さだが、店主・戸田寛さんが店名に込めた「ホッと笑みがこぼれる店にしたい」との思いが蕎麦やもてなしに表れ、不思議と居心地がいい。

　基本は玄蕎麦のまま石臼挽きにした二八蕎麦。甘皮の挽き込みが少なく、しっかり茹でても蕎麦本来の上品な甘みとコシの強さを堪能できる。もっと蕎麦の味と香りを楽しみたいという人のために、丸抜きを粗く挽いた「極粗挽き十割せいろ」900円も最近始めたそうだ。

　「冷やし鴨ぶっかけ」「ゆず塩そば」など、店主が試作を繰り返して完成させたオリジナル蕎麦の評判もいい。地元で採れるレモン、ミョウガなど、季節の食材を使った蕎麦もぜひ試してみたい。

上:玄蕎麦は無酸素状態で冷蔵保存
下:塩味の「ゆず塩そば(温・冷)」1120円

「冷やし鴨ぶっかけ」1400円。温かい蕎麦&つゆも可

「石挽き二八せいろ」735円。最初は塩で蕎麦の自然な甘みを楽しみたい

蕎麦粉 北海道・福島・福井・青森・長野・茨城県産／自家製粉石臼挽き
製麺 二八・十割／手打ち
だし 枕崎産本枯節
つゆの味 甘・・・✱・・・辛

SOBA笑

住所　藤枝市東町10-25
電話　054・645・1225
営業　11:00～14:00
休み　火・水曜
席数　18席
駐車　13台

お品書き

天盛り 1520円
トマト蕎麦(12～6月) 1360円
牡蠣と蕪スープ蕎麦(10～3月) 1580円
みょうが蕎麦(6～9月) 1210円
レモン蕎麦(4月～) 1000円

ゴマの濃厚な香りが食欲を誘う「胡麻汁せいろ」1050円。厚切りのナスやカボチャ、シシトウなどの素揚げが入る

蕎麦粉 茨城産常陸秋蕎麦・福井丸岡産・北海道産（新蕎麦）／自家製粉石臼挽き
製　麺 二八・十割／手打ち
だ　し 本枯節、利尻昆布
つゆの味 甘・＊・・・辛

蕎麦工房 玄庵

住所　藤枝市高洲32-32
電話　054・636・3223
営業　11:30〜14:30、17:30〜20:30
※蕎麦がなくなり次第終了
休み　火曜（祝日営業、翌日休み）、月・水・木曜の夜（予約がある日は営業）
席数　30席
駐車　8台

希望の産地別・ブレンドで蕎麦粉も販売。練習用から最上級ブレンドまで4種類ある

お品書き
- 粗挽き田舎そば（数量限定）730円
- 一黒軍鶏せいろ 1250円
- 天せいろ 1570円
- ばら乾し海苔のかき揚げ 530円
- 地鶏と花わさびの醤油漬け 470円

上：「鴨ロース」730円は越谷産の地鴨をローストし、特製ダレに漬け込む
下：ビール、焼酎、日本酒のほか酒肴も豊富

玄蕎麦で仕入れ自家貯蔵・自家製粉
香り高い蕎麦と充実の酒肴

蕎麦工房 玄庵

Sobakoubou gen an

藤枝で蕎麦粉に対し人一倍厳しい目を持つ人と言えば、店主・道家照徳さんの右に出る人はいないだろう。

仕入れた玄蕎麦は常に目が行き届く店脇の冷蔵庫で管理し、必要な分をその都度自家製粉する。石臼は、蕎麦打ちなら誰もが一目置く蟻巣石。製粉時に臼が熱を帯び、粉の水分や香りが損なわれることがあるが、蟻巣石は無数の細かい穴が熱を逃がすため質の高い粉が挽けるのだ。しっとりなめらかで甘皮も一緒に挽き込んだ粉は、店主いわく「大地が香るような蕎麦」になるという。夫婦で考案した「胡麻汁せいろ」は温かい汁に野菜の素揚げがたっぷり入った人気商品。数量限定の「粗挽き田舎そば」や「会席玄庵」4200円も好評だ（14品・4人以上・2日前までに要予約）。

若き店主が打つ美しい蕎麦
手間暇かけた一品料理も充実

手打ち蕎麦 木むら

Teuchisoba Kimura

蕎麦店激戦地の志太地区に、２０１１年開店。若き店主の木村豊さんは熱海の旅館、東京の中野・神楽坂、千葉の本八幡で研鑽を重ね独立。奥様の直美さんと二人で切り盛りする。

蕎麦は石臼挽き手打ち。こだわっているのは、粉のブレンドだ。「剥き実で製粉し、粗く篩をかけたものを９割。殻つきのまま製粉し、少し細かくふるったものを１割混ぜています」。剥き実だけだと、あっさりして物足りない。蕎麦の甘みやえぐみまで味わうには、やはり殻と実の間の「甘皮」部分を使うのが大切だという。

冷水で締めた蕎麦の表面には、殻のほんのりとした黒さと甘皮の粒が見てとれる。キラキラと美しく、噛みしめるとじんわりと粉の旨味が伝わってくる。藤枝にまた一つ、蕎麦好き御用達の店が増えた。

「自家製にしん焚き」800円。青森産の一夜干しを日高昆布と一緒に4日かけて煮込んだ一品

蕎麦粉 北海道・埼玉・茨城・長野・福井県産など
製麺 一九／手打ち
だし 本枯節、羅臼昆布（かけ汁は鯖節、宗太鰹節を足す）
つゆの味 甘 •—•—•—•—✱ 辛

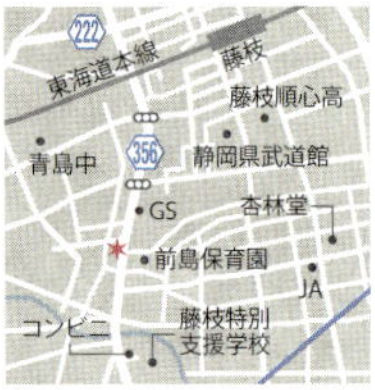

手打ち蕎麦 木むら

住所 藤枝市青葉町4-3-2
ライフガーデン1F
電話 054-636-5108
営業 11:30〜14:30LO、
17:30〜20:30LO
休み 水曜、第3木曜
席数 16席
駐車 5台（他に共同P多数あり）

お品書き
トマトつけ汁蕎麦 900円
天ざる蕎麦 1500円
鴨南蛮 1600円
鴨汁蕎麦 1250円
牛すじ大根塩煮 480円

長野から取り寄せる親田大根が、さわやかな辛みをもたらす「辛味大根おろし蕎麦」900円

右上：もっちりなめらかに仕上げた「そばがき」800円。塩と山葵味噌で

大ぶりの天然車エビを贅沢に使った「天ぷらそば」1520円。焼津産鰹の荒節、屋久鯖、羅臼昆布のだしが香る

蕎麦粉 福井・茨城産常陸秋蕎麦／自家製粉石臼挽き
製　麺 二八／手打ち
だ　し 枕崎・焼津産本枯節、屋久鯖、羅臼昆布
つゆの味 甘・・・・＊・辛

細島屋 七丁目店

住所　島田市本通7-8734-23
電話　0547･37･3467
営業　11:00～14:30、17:00～20:00
※蕎麦がなくなり次第終了
休み　木曜（祝日営業、翌日休み）
席数　45席
駐車　19台

お品書き
重ねせいろ（せいろ2枚）1100円
えびおろし（小海老天）1150円
鴨陶板焼き 1050円
わらびもち（自家製）370円
※夏場以外は土・日曜、祝日限定

手間暇を惜しまないつゆが
繊細な蕎麦の香りを引き立てる

細島屋 七丁目店

Hosojimaya Nanachoumeten

蕎麦の系譜には砂場、更科、藪の御三家と一茶庵系があるが、店主の鈴木裕治さんは砂場系統で修業後、先代から継いだ島田の地で暖簾を守っている。「江戸蕎麦は本来、噛んではいけないものと言われていたんですよ」と店主が話すように、うっすら緑がかった蕎麦は、美しい細打ちで喉越しの良さが信条だ。

温かい蕎麦か冷たい蕎麦かによって素材も製法も変えて仕込むつゆは、やや辛めのすっきり味。もり汁は、こだわりのかえしに最高級の鰹本枯節を使い、湯煎の後、最低3日以上熟成させてまろやかに仕上げる。「せいろ」680円やせいろに小天丼が付く「せいろセット」940円が人気だが、「天ぷらそば」もぜひ。だしが香るつゆは、最後まで飲み干したくなるおいしさだ。

「蕎麦ぜんざい」480円。十勝産小豆を炊いた自家製あんは甘さ控えめ。やわらかく練った蕎麦がきと共に

厳選蕎麦粉の豊かな香り
自慢の味を網羅する「そば膳」を

手打ちそば処 ふじ花

Teuchisobadokoro Fujihana

蕎麦粉	国産蕎麦粉／自家製粉(田舎)
製麺	二八(田舎)・九一(ざる)／手打ち
だし	厚削り鰹節
つゆの味	甘・・＊・・辛

舘山寺へ向かう途中の住宅街に建つログハウス。一見カフェかと思う佇まいだが、厳選された粉と手打ちの技が評判の蕎麦屋だ。

店主・藤野利昭さんが仕事仲間に手打ち蕎麦を振る舞って好評を得ていた開店時から早10年。浅草の「駒形　蕎上人」で老舗の心を学び、腕を磨き続けてきたことで今では多くの蕎麦好きが訪れる店となった。

蕎麦の豊かな香りを楽しんでもらうために「田舎蕎麦(二八)」は玄蕎麦を店舗裏の製粉所で石臼挽きに。「ざる蕎麦(九一)」は新蕎麦の時期を追いかける北海道から東北地方の蕎麦粉と、長野県産、福井県産をブレンドしている。

さて、なにを注文しようか迷ったら、蕎麦単品も魅力だが、最近人気が上昇中の「そば膳」１８００円をお薦めしたい。蕎麦焼き味噌、天ぷら、田舎蕎麦とざる蕎麦の合い盛り、蕎麦アイスが味わえる豪華版だ。天ぷらには自家菜園で採れた野菜や店主自ら収穫に行く山菜が用いられ、「蕎麦焼き味噌」は血液浄化作用が高いルチンを多く含む韃靼蕎麦の実とクルミ入り。細部にまで心を配った蕎麦づくしの膳は、「ふじ花」の味の集大成ともいえる。プラス２００円の蕎麦がきを付ければ、完璧だ。

手打ちそば処 ふじ花

住所　浜松市西区白洲町266
電話　053・487・2240
営業　11:30〜14:00
※蕎麦がなくなり次第終了、夜は要予約
休み　木・金曜
席数　22席
駐車　11台

店主・藤野利昭さん

お品書き

肉そば 1000円
とろろそば 900円
かけそば 800円
ざるとろろそば 900円
そばがき 1000円

上:豚肉の脂の甘さとネギのシャキシャキした食感がたまらない「肉そば」1000円
下:「蕎麦焼き味噌」400円は、白味噌ベースにクルミを加えた甘みのある味

「田舎蕎麦」800円。噛むほどに蕎麦の香りと旨味が広がる

手打ち蕎麦 一

Teuchisoba Ichi

季節の移り変わりを蕎麦と共に心意気が伝わる素材自慢の店

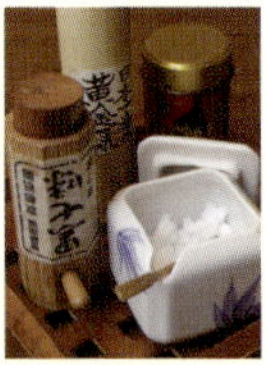

薬味は黒七味、黄金一味、七味から選べる。天ぷらには沖縄産雪塩を

旬を感じる蕎麦が食べたい。そう思った時こそ、「一」に足を運んでほしい。暑い季節なら「夏野菜おろし蕎麦」1350円、秋を迎える頃には「天然きのこ蕎麦」など季節が移り変わるごとに限定メニューが登場する。最近のお薦めは、良いだしの出るキノコ・乳茸（ちたけ）を用いた「天然ちたけ蕎麦」1450円だ。乳茸にナスと豚肉をプラスすることで、鴨＋ネギの黄金コンビにも劣らない味わいを生むそうだ。

とはいえ、その基本は十割と田舎という自家製粉の手打ち蕎麦。伊豆産の天日干し椎茸、枕崎産遠赤外線焙煎の鰹節、北海道ウトロの漁師が直送する羅臼昆布で取るだしという味の要があるからこそ、季節の食材が引き立つのだ。

素朴な味わいを求めるなら「田舎蕎麦」や「辛味大根おろしそば」を。「鴨南蛮」1450円も好評で、噛むほどに旨味があふれ出すやわらかな国産鴨肉は絶品。蕎麦に脂の甘みが溶け込んだ汁が絡む具合も絶妙だ。

さて蕎麦と一緒に楽しむ一品料理のお薦めは、12月なら「百合根のかき揚げ」、1月上旬~3月は「若ガニ料理」。蕎麦屋定番「だし巻き玉子」500円や、醤油を付けなくてもおいしさが際立つ「特選豆腐」300円もお忘れなく。

蕎麦粉 北海道・福井県産玄蕎麦／自家製粉
製麺 十割、田舎／手打ち
だし 羅臼昆布、鰹節、椎茸
つゆの味 甘 ・・・＊・・・ 辛

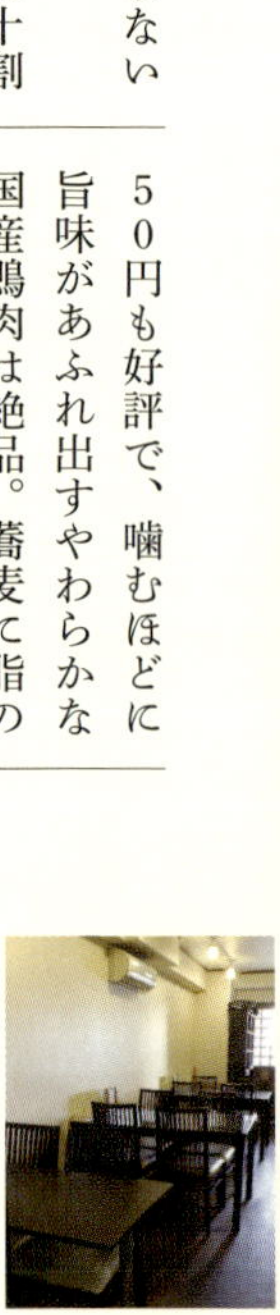

上:3150円からのコースに盛り込まれる料理の一例「季節野菜のジュレ」
下:「鴨南蛮」1450円

手打ち蕎麦 一

住所 浜松市中区砂山町333-10ネットプラスビル1F
電話 053-458-2110
営業 11:30~14:30、18:00~21:00
※蕎麦がなくなり次第終了
休み 日曜の夜、月曜（月曜祝日の場合は月曜夜、火曜）
席数 22席
駐車 5台

お品書き
そば一御膳 1800円
だし巻き玉子 500円
蕎麦焼き味噌 600円
そばコース 3150円~（要予約）

「辛味大根おろしそば」950円は、冬は永田農法で作る都田産の辛味大根が登場

香りと歯応えを楽しむ笑顔を招く蕎麦

蕎麦招人 仟

Sobashounin Sen

掛川バイパス、宮脇ICを降りて北へ車で3分ほど進むと、緑が映える景色の中に現れる「仟」。屋号の頭に付く「蕎麦招人」には、店主・塚本竜大さんの「人が好きだから、蕎麦を通してお客さんを招きたい」という思いが込められている。

「お客さんとの触れ合いが何より楽しい」と語る店主が最も大切にしているのが、食べた時に笑顔が出るような蕎麦を打つこと。島田市の蕎麦屋で修業を積んだ腕で、喉越しよりも歯応えを重視し、噛めば噛むほど味がある蕎麦に仕上げる。そんな蕎麦に合わせるのは、濃いめのかえしを合わせたつゆ。食べた時に香りと味わいがダイレクトに伝わってくる蕎麦を提供している。密かに人気のうどんも自家製手打ち麺で、メニューが15種類以上と豊富。これもぜひお試しを。

右:「せいろ」750円。締めの蕎麦湯も楽しみ　上:焼き目の付いた餅が食欲をそそる「もち汁粉」500円

蕎麦粉	長野県大町・安曇野産、福島県会津産／自家製粉石臼挽き
製麺	二八／手打ち
だし	鹿児島産山川の本枯節
つゆの味	甘・・✱・・辛

蕎麦招人 仟

住所　掛川市水垂909-1
電話　0537･21･7660
営業　11:00～14:30、17:30～20:30
休み　月曜、第2日曜（祝日営業、翌日休み）
席数　26席
駐車　14台

お品書き

せいろ 750円
天せいろ 1450円
天おろし 1000円
鴨南 1600円

つるんとした舌触りの「そば豆腐」350円

香りと食感が良いネギやミョウガと味わう「野菜おろし」950円

「もり蕎麦 ざる」800円。玄蕎麦は、師匠の高橋さんが吟味した選りすぐりだ

蕎麦粉 北海道・茨城・長野県産玄蕎麦／石臼挽き
製麺 二八／手打ち
だし 枕崎産本枯節、利尻昆布、椎茸
つゆの味 甘 ・―・―＊―・― 辛

笊蕎麦 百々や

住所 周智郡森町一宮2431-2
天竜浜名湖鉄道 遠江一宮駅舎内
電話 0538・89・7077
営業 11:30〜15:00
※蕎麦がなくなり次第終了
休み 月・火曜（祝日営業）
席数 14席
駐車 6台

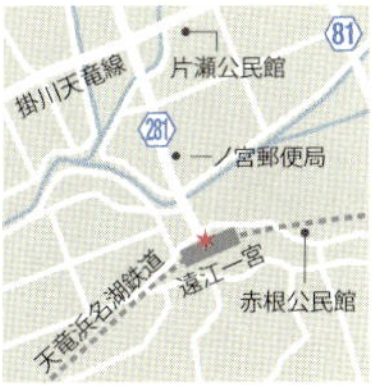

お品書き
もり蕎麦 ざる 800円
もり蕎麦 田舎 800円
焼味噌 200円

笊蕎麦 百々や

Zarusoba Momoya

名人・高橋邦弘氏の技を継承した無人駅の蕎麦処

山梨県長坂の「翁」で名を馳せ、今は広島県北広島町で「達磨」を営む傍ら、蕎麦打ちの指導にあたる名人・高橋邦弘氏の弟子である店主の美甘康介さん。玄蕎麦から製粉、製麺までを一人でこなす丁寧な仕事ぶりは、同業者からも一目置かれる存在だ。

蕎麦は、実の白い部分を使用し、喉越しが良い「ざる」と、甘皮も一緒に練り込んだ「田舎」の2品。勢いよくすすると素材本来の香りが広がり、瑞々しさに満ちあふれる。もり蕎麦だけで勝負する理由は、本物の風味だけを伝えたいという〝潔さ〟の表れだと話す。

蕎麦以外のメニューは、西京味噌に蕎麦の実を混ぜて焼いた「焼味噌」200円のほか、地酒は栃木「四季桜」、島根「豊の秋」、石川「菊姫」の3銘柄。5勺で300円から飲める。

無人駅の天浜線・遠江一宮駅舎内にある。駅舎は登録有形文化財

山形板そば 六兵衛

Yamagataitasoba Rokubee

灰桜色の蕎麦に季節の花一輪
山形伝統の味が板皿に広がる

約30センチの杉板皿に、5ミリ角の極太麺が200グラム。弾む食感が楽しい名物「山形板そば」は、もっちりした歯応えになるよう古代米を加えた美しい灰桜色の仕上がりだ。蕎麦は、隣接する製麺所が自家栽培する正真正銘の袋井産。種物には天竜産のマイタケ、薬味は袋井産の辛味大根を使うなど、店主の渡辺武さんは地産地消にこだわり、メニューにはすべて、女将お手製の季節の混ぜご飯（おかわり無料）と漬物、フルーツが付く。

夜は限定1組（7、8人〜20人）の予約制で、人気の揚げかいもち（山形の蕎麦がき）も付く全8品のコースが楽しめる。炭火でじっくり焼き上げたイワナの風味がきいた「天然岩魚骨酒」3合1800円は極上の味わい。独特な旨味に夢中になり、何度もおかわりする人が多いそうだ。

隣接する「てらだ工房」が自家栽培する「信濃1号」。袋井の土壌と気候に合うようだ

ハレの日にシェアするために板にのせたという「板そば」は、山形の伝統的なスタイル

蕎麦粉 袋井産（信濃1号）
製　麺 外二・一九（板蕎麦と新蕎麦）※蕎麦の実が劣化しがちな時期は二八／手打ち
だ　し 御前崎・五十嵐の鰹節、利尻昆布
つゆの味 甘・・・＊・辛

山形板そば 六兵衛
住所　袋井市見取1789-5
電話　0538・49・1737
営業　11:30〜14:00
※蕎麦がなくなり次第終了。夜はコースのみで希望開始時間より2時間営業
休み　水・木曜
席数　25席　駐車 16台

お品書き
山形板そば（200g） 900円
おろしそば 1150円
まい茸天ぷらおろしそば 1450円
三色盛り（冬季限定） 1600円
石松そば（夏季限定） 1550円

その日おすすめの蕎麦3品を盛り合わせた「三色そば」1050円

手打ちそば うさぎ庵

Teuchisoba Usagian

9種の蕎麦を食べ比べ 2階では蕎麦打ち体験も

蕎麦を通じて出会った夫婦が二人三脚で切り盛りする店。注文が入ると、その都度蕎麦を打って、出来たてを提供できるのも蕎麦を愛する夫婦のコンビネーションがあるからこそだ。蕎麦粉は創業明治18年の、昔ながらの製法を守る製粉会社「宮本製粉」が「うさぎ庵」のためだけに挽いたオリジナルブレンドを使用。北海道から茨城にかけて新蕎麦の収穫時期を追って産地を変え、打ちたい蕎麦のイメージに合わせた粉を挽いてもらっているという。

ここで味わえる蕎麦は、「せいろ(二八)」、蕎麦粉100%の「純せいろ」と「田舎」「粗挽き」「しらゆき(更科)」「茶蕎麦」「変わり蕎麦」「玄挽き太打ち」「玄挽き細打ち」の9種類。多彩な蕎麦が楽しめるのは魅力だ。

上:「椀がき」750円。蕎麦つゆと土佐醤油で楽しめる
下:蕎麦の実を米と炊いたかやくご飯「そば飯」300円

店主・磯辺一也さん。蕎麦打ち体験は初回お試し1時間3000円〜

蕎麦粉	北海道〜茨城まで、新蕎麦の収穫を追って仕入れ
製麺	二八・十割/手打ち
だし	鹿児島産鰹節、日高昆布
つゆの味	甘 •—•—✻—• 辛

手打ちそば うさぎ庵

住所 浜松市中区上島5-7-30
電話 053・473・9166
営業 11:30〜15:00、17:00〜20:30
休み 月曜(祝日営業、翌日夜休み)
席数 16席
駐車 8台

お品書き
せいろ 700円
うさぎぶっかけ 1000円
鴨つくね蕎麦 1000円
蕎麦がき鍋 900円
椀がき 750円

店内に坪庭のある空間で
遊び心あふれる季節の蕎麦を

石臼挽き手打ちそば 蕎里

Ishiusubikiteuchisoba Kyouri

旨い蕎麦を味わい、心地よい時間を過ごしてほしい―と語る店主の牧野築さん。″お客様へ喜びを伝えるおもてなし″を志している。

蕎麦は北海道産や福井産を殻付きで仕入れて自家製粉し手打ちで提供。つゆは温かい蕎麦は薄口に、冷たい蕎麦は濃口で仕上げて使い分ける。種物で季節を感じてほしいと、天ぷらにはイチジクや柿、りんごなども使い、驚きと遊び心を添えることを忘れない。

理想に出合えたと話す豊橋のブランド肉「秀麗豚（しゅうれいとん）」を使ったメニューも今年の夏からスタート。「秀麗豚と季節野菜のつけ汁せいろ」1512円は、春夏秋冬で替わる野菜とあっさりしたバラ肉が調和し、何とも言えない旨味が溶け合った一品。蕎麦前には、希少な静岡銘酒「ダイヤモンド富士」1合630円をぜひ。

蕎麦屋とは思えないモダンな外観。クルミの木のテーブルは特注品

「秀麗豚と秋の香りのつけ汁せいろ」は、数種のキノコやクリが入った秋限定(9～11月)

蕎麦粉 北海道・福井県産／石臼挽き
製麺 二八／手打ち
だし 焼津・御前崎など県内産鰹の本節・本枯節・宗太鰹節・鯖節、日高昆布、干し椎茸（温蕎麦）
つゆの味 甘 ・—・—・—＊—・ 辛

石臼挽き手打ちそば 蕎里

住所 浜松市東区半田町1275
電話 053･431･5110
営業 11:00～15:00(14:30LO)
　　 17:00～21:00(20:30LO)
休み 1月1日～4日
席数 48席
駐車 18台

お品書き
せいろ 714円
桜エビ・かき揚せいろ 1533円
えび天おろし 1155円
そばがき各種 714円

「天おろしそば」1200円。噛むほどに味の濃さが伝わるブラックタイガーは、蕎麦との相性抜群

蕎麦粉	北海道幌加内産
製麺	二八／手打ち
だし	薩摩本枯節
つゆの味	甘 ・―・―・―・―✱ 辛

手打蕎麦 玄炊庵

住所 浜松市中区早出町1357-1
電話 053･401･8163
営業 11:30〜14:00
※蕎麦がなくなり次第終了
休み 水･木曜
席数 30席
駐車 10台

お品書き
幌加内産せいろ（ざるそば）750円
天おろしそば 1200円
花巻そば 850円
鴨南蛮 1600円

季節ごとの蕎麦の風味を辛めの鰹だしでじっくり堪能

手打蕎麦 玄炊庵

Teuchisoba Gensuian

「のりかけせいろそば」850円

蕎麦粉は北海道・幌加内産の「キタワセ」と「ホロミノリ」を日替わりで使用。

幌加内町は、日中が30度を超す夏の日でも、夜には10度前後まで気温が下がり、朝もやの発生も多い。一年を通して温度が低いという気象条件にあり、蕎麦作りには最も適した地域だからだ。

9月からは新蕎麦の若々しい風味、1月から3月頃までは深みを増した甘い風味の蕎麦を楽しめる。辛めのだしは香り高い薩摩本枯節のみ。鰹の味がダイレクトに伝わってくる。

自慢の一品は、海水養殖のブラックタイガーを贅沢にのせた「天おろしそば」。築地から仕入れた極細のりがたっぷりのった「のりかけせいろ」850円も人気だ。茶室風の落ち着いた空間で蕎麦との相性を堪能してほしい。

蕎麦あらかると

「天ぷら蕎麦」、「鴨南・鴨せいろ」「変わり蕎麦」…。蕎麦好き御用達の逸品は、作り手によって見た目も味も、個性いろいろ。誌上比較をとくとお楽しみあれ。

サクッと揚がった
肉厚の穴子天

【江戸前穴子天ぷらそば】1500円

手打蕎麦処 多賀（P026）

生麦魚河岸から仕入れる江戸前穴子を店でおろすため鮮度がよく、別皿盛りで最後までサクサクの天ぷら。「つけつゆ」とは工程の違う「かけつゆ」で味わう。

かけ蕎麦と旬の野菜天は別盛りで

【温野菜天ぷらそば】1100円

手打ち蕎麦 たがた（P052）

自然農法で野菜を作る20数件の契約農家から仕入れる旬野菜の天ぷらがたっぷり。この日はカボチャ、ナス、大葉、インゲン、ミョウガ、シシトウなど。

カリッと揚がった
エビ頭つき

【えびの天ぷらそば】1400円

蕎ノ字（P064）

鮮度の良さを表す海老のカシラの天ぷらが2尾分付いた贅沢さ。「旬の天かけそば」1950円なら、天ぷらは別皿で提供され、さらにグレードアップ！

天ぷら蕎麦

「天ざる」や「天せいろ」に押され、少々存在感が薄い「天ぷら蕎麦」に敬意を込めて。近頃は定番のエビのみならず野菜天やかき揚げも人気のようだ。

格式さえ感じさせる正統派

【天ぷらそば】1396円

蕎麦屋 八兵衛 静岡店(P073)

エビ2本と、青菜とユズの香り。その姿は「これぞ天ぷら蕎麦」という正統派で、天ぷらと蕎麦とだしの香り、つゆとが絶妙な組み合わせ。それらすべてが一体になった、つゆまで飲み干したい一杯だ。

まずはそのままサクッ。あとは蕎麦にのせて

【天かけそば】1500円

手打ち蕎麦 木むら(P080)

和食の修業を経た店主ならではの薄衣の天ぷらは、大エビ一尾に、イチジク、トウモロコシなど地場の旬野菜も。サクッと美しく揚がっている。

小エビだけで作る天ぷらはサックサク

【天ぷらそば】1150円

手打蕎麦 寿司 御料理 丹味(P120)

だしとかえしを絶妙なバランスで合わせるかけ汁は、甘過ぎず辛過ぎず飲み干したくなるおいしさ。サクサク小エビのかき揚げを軽くほぐして召し上がれ。

豪快にかぶりつきたいカニの天ぷら

【天ぷらそば】1450円

手打蕎麦 初代ねもと(P028)

蕎麦屋ではめったにお目にかからないズワイガニの天ぷらがのった贅沢な蕎麦。まずは塩で天ぷらのみ一口。蕎麦にのせても美味なのは言うまでもない。

粗挽きせいろの力強さに負けないつゆ

【鴨せいろ】1300円

手打そば　ながいけ(P060)

通常は「二八せいろ」がセットになっているが、どっしりと力強い鴨つゆには皮つきのまま製粉した「粗挽きせいろ」がピッタリ。+100円で変更できる。

本鴨にこだわった自慢の味

【鴨南蛮】1500円

手打ちそば　杉本(P048)

鴨を一度炒めることで食べやすく洋風に仕上げているのが特徴。すっきりとしたつゆに鴨の旨味が溶け込んでいる。粗挽きの蕎麦との絡み具合は絶妙だ。

国産合鴨の旨味を生かす

【鴨せいろ】1300円

そば処 古庵(P046)

国産合鴨を使用。鴨つゆは、鴨の旨味が存分に生かされていることはもちろんだが、本来のつゆの味わいを潰さないよう、繊細な加減で作られている。

自慢のつゆと鴨肉の旨味が融合

【鴨せいろ】1410円

細島屋 七丁目店(P081)

皮目をしっかり焼いて香ばしさを出した合鴨はフランス産。つゆはかけを少し割って辛みを抑えている。肉の旨味と相まって、蕎麦のおいしさがより引き立つ。

蕎麦あらかると

鴨南・鴨せいろ

蕎麦通がこよなく愛する「鴨南蛮」・「鴨せいろ」。それだけに、蕎麦と鴨という究極の組み合わせにも、店によってさまざまな創意工夫、こだわりがあるようだ。

レアに仕上げたやわらかい鴨肉

【鴨せいろ】1575円

KURITA (P066)

鴨肉はサッと火を通し、レアの状態で仕上げる。その方がやわらかく肉の臭みも出ないのだそう。温かいつゆで鴨肉が硬くならないうちに召し上がれ。

鴨、ネギ、蕎麦、つゆの絶妙なアンサンブル

【鴨南ばん(二八)】1470円

石臼挽き手打そば 吉野(P067)

臭みがない鴨肉は一口食べれば虜になる味。脂身の甘く深みのあるおいしさが口中に広がる。十割蕎麦の「鴨南ばん」もある(1680円)。

蔵王・深山竹炭水鴨の贅沢な風味

【鴨南蛮】1600円

手打蕎麦 玄炊庵(P091)

竹炭水で育てた蔵王の合鴨を厚切りにしてトッピング。ジューシーな鴨肉の脂で焼いたネギはとろけるやわらかさ。辛口だしに種物の甘みが加わる。

ジューシーな越谷産地鴨を使用

【鴨汁せいろ】1360円

蕎麦工房 玄庵(P079)

焼きネギを添えた鴨の塩焼きと、甘めのつけ汁に浮かぶ鴨肉団子の両方が楽しめる。地鴨は肉質がやわらかく臭みが少ないと店主が太鼓判を押す越谷産だ。

6～7種類は楽しめてお得感いっぱい

【五色もり】1890円

そば処 日和亭（P058）

手前からケシ、抹茶、ゴマ、青シソ、しらゆき。この桶の前に細打ちと田舎蕎麦が出る。五色といっても6～7種類は楽しめるのがうれしい。

噛めばさらに広がるゴマの味わい

【ごま切り】900円

石臼挽き手打蕎麦 吉野（P067）

噛めばゴマの香りが一気にひろがり、噛むほどに甘味を増す。季節に合わせた変わり蕎麦は「本日変わり蕎麦あります」の貼り紙がある日のみ提供。

【二色そば】1100円

江戸変わりそば 飯嶋（P047）

練り込まれる素材は年間約18種類にもなり、季節ごとの2種類を味わえる。写真は「青じそ切り」と「レモン切り」。みずみずしいさわやかな風味が広がる。

四季折々の香りを楽しむ

【変わりそば かぼちゃ】840円

蕎麦 雪月花（P104）

季節ごとにさまざまな種類が登場。生粉打ち・手挽き・変わりの3枚がセットになった「三色蕎麦」1360円や、「天せいろ2色そば」1680円でも味わえる。

蕎麦あらかると

変わり蕎麦

真っ白い更科粉に食材の美しい色と香りを閉じ込めた「変わり蕎麦」。ユズ、茶、シソ、ゴマなど口に入れた途端、季節感が口の中を駆け巡るのが魅力だ。

ひと月ごとに変わる年間12種類

【三色変わりそば】1400円

鷹匠 つむらや(P111)

月替わりの青ユズとルチンが豊富で苦みのある韃靼、せいろの3種類。正月三が日頃には松・竹・梅を練り込んだ3色の「祝い蕎麦」も打つそうだ。

紫イモのビジュアル系変わり蕎麦

【変わり蕎麦・紫イモ】850円

俺庵(P115)

青海苔、ケシ、ユズ、レモン、シソなど月替わりで楽しめる。中でもひときわ美しく珍しいのが、更科に紫イモの粉を練り込んだこの一枚だ。

食べ比べも楽しい艶やかな蕎麦

蕎麦あらかると

酒のアテ

蕎麦屋で一杯…のつもりがついつい二杯、三杯となってしまうのは、気のきいた「アテ」があるから。定番もいいがニューウェーブも面白そうだ。

海に近いからこそ味わえる逸品

【イカのめぼ】2本400円

誇宇耶（P030）

近海で獲れたイカの「めぼ」と呼ばれるくちばし部分の料理。一杯のイカから一つしか取れない貴重な珍味。シンプルに串焼きで。

パリパリサクサク！蕎麦革命!?

【そばピザホール】1100円

手打ちそば　蕎麦庵　まえ田（P062）

蕎麦生地を薄く延ばし、トマトソースとチーズ、ピーマンなどをのせたピザは食感が楽しい。夜はホールで、平日昼は「ミニピザ4枚」550円で提供。

甘辛あんと磯の香りで、杯が進む

【出し巻き玉子磯海苔あん掛け】880円

手打ち蕎麦　たがた（P052）

自然農法の野菜を餌に育った大仁の養鶏場の玉子を使用。しっとりふわふわの出し巻きと、あんの相性は絶妙だ。磯の香りがおいしさを倍増してくれる。

旨味と香ばしさを丸ごと頬張る贅沢

【海老の味噌漬け焼き】600円

そばの実　一閑人（P038）

一度素揚げしたエビを京都の味噌問屋「しま村」で仕入れる西京味噌に漬け、炙って仕上げる。殻ごとパリパリ食べられ、旨味はもちろん香ばしさも格別。

蕎麦がきのような、ふんわり豆腐

【そば豆腐】300円

手打そば　ながいけ（P060）

見た目はやわらかい蕎麦がきのよう。ふんわり食感の中に、蕎麦の香りが閉じ込められ、醤油だけでなくフルーツソースをかけてデザート感覚でも食べられる。

香ばしさと食感を楽しむ通好みの一品

【焼き味噌】650円

信州手打そば　奥村（P116）

蕎麦の実のプチプチとした食感が楽しい、白味噌をベースにした焼き味噌。単品のほかに、懐石料理の一品としても登場する人気の酒肴だ。

蕎麦の箸休めとなる濃厚スープ

【ポタージュスープ】
蕎麦コース（3150円～）の一品

手打ち蕎麦　一（P084）

あっさりとした味わいの蕎麦と対照的な、濃厚ポタージュスープはアテとしてもいける。写真は枝豆のスープだが季節によって野菜が変わるのでお楽しみに。

蕎麦あらかると

蕎麦がき

品書きにあると、ついつい注文してしまう「蕎麦がき」。蕎麦に自信ありという店の姿勢がうかがわれるからだ。酒のアテに、またはデザート感覚でぜひお試しを。

熟練の火加減が生む口当たり

【そばがき】500円

蕎麦 どあひ（P122）

低温の湯と蕎麦粉を火にかけながら混ぜ、絶妙のタイミングで火から下ろす。なめらかな口当たりが魅力。蕎麦つゆを使った特製だれと薬味と共に味わって。

ふわっと広がる蕎麦の香り

【そばがき】1100円

手打蕎麦処 多賀（P026）

ふたを開けるとグツグツと煮立つ湯の中に浮かぶ、柿の葉をかたどった蕎麦がき。ふわふわのやわらかな食感を楽しむため、熱々の土鍋で登場する。

もちもち、なめらか。二通りの味で

【そばがき】900円

江戸変わりそば 飯嶋（P047）

蕎麦の味わいを存分に堪能できるよう、通常の蕎麦とは違う粗めの自家製粉の粉を使用したなめらかな舌触り。好みで甘味噌、ワサビ醤油を付けて。

もちっとふんわりキーマカレー

【焼きカレー】650円

そば切り　遊玄（P049）

やわらかいもちもちの生地に粗挽き粉の食感がアクセント。福岡発祥の焼きカレーをヒントに、キーマカレーとチーズをのせて焼いた、見事な和洋折衷。

香り立つ風味とふわふわ食感

【そばがき】1500円

蕎麦　いし塚（P033）

鍋を火にかけながら丁寧に蕎麦粉を混ぜ合わせることで生まれる独特のもっちり感と、まるでメレンゲのようなふわふわした食感が特徴。ボリュームも充分。

粗く手挽きした蕎麦粉で新食感

【はだれ富士】800円

そば処　利庵（P036）

粗挽き粉と水だけで作る、富士山の山肌を表現した一品。見た目とは異なるとろんとした舌触りとやわらかな食感は、やみつき必至。

蕎麦の風味ともちもち食感が自慢

【揚げだしそばがき】714円

石臼挽き 手打ちそば　蕎里（P090）

蕎麦がきを揚げ、たっぷりの大根おろしと甘辛つゆで楽しむ揚げだし豆腐風。揚げずに味わう「かきっ放し」、かきっ放しを蕎麦つゆに浸した「かけ汁」もある。

蕎麦あらかると

蕎麦甘味

蕎麦のあとでも甘いものは別腹。団子に羊羹、ケーキにクレープ、マドレーヌ……。和風甘味のみならず、洋風スイーツにも変身する蕎麦デザートを楽しもう。

岡部の玉露と一緒にデザートタイム

【そば マドレーヌ2個】280円

手打ちそば 蕎麦庵 まえ田(P062)

せいろ用の蕎麦生地を使用しているため、さっぱりとした後口。平日13時から登場する「岡部の玉露セット」250円とともに味わうのもお薦め。

ふんわりの中にカリッと蕎麦の実

【蕎麦粉100%のシフォンケーキ】1200円

手打蕎麦処 多賀(P026)

その名の通り、蕎麦粉100%で作るケーキ。ふわっとした生地は蕎麦の風味が豊かで、中にはカリッと香ばしい蕎麦の実が。食感が楽しいスイーツだ。

つるんとした舌触りの滋味深い甘味

【そば羊羹】378円

石臼挽き手打ちそば 蕎里(P090)

蕎麦粉を寒天で固めた羊羹は、北海道産の小豆で作った甘さ控えめの自家製粒あんで味わう。トッピングの蕎麦の実あられが香ばしく、食感も楽しい。

できたて蕎麦がきであんをくるり

【そば団子】420円

KURITA（P066）

注文が入ってから蕎麦がきを練り、自家製の粒あんをくるりと包む。北海道産大納言を手間ひまかけて仕込んだあんは、和菓子屋も顔負けの本格派だ。

蕎麦粉を洋風スイーツに

【蕎麦粉クレープブルーベリー添え】500円

手打ち十割 蕎麦処 蕎仙（P032）

蕎麦粉と卵黄で作ったクレープはしっとりとした食感でやさしい甘さ。ソースだけでなく生のブルーベリーもふんだんに使用。贅沢感がうれしい一品。

お米の餅にはないふくよかさ

【あべ川そば餅】450円

そばの実（P068）

静岡名物・安倍川餅の蕎麦バージョン。米ではなく蕎麦粉をついた餅をきな粉と黒蜜でいただく。粘りは米より少ないが蕎麦の香りがして味わい深い。

たっぷりの自家製あんが魅力

【そばがきあんこ】500円

石碾蕎麦 おもだか（P042）

粗挽きの粉と水だけで作る蕎麦がきは、ふんわりとなめらかな口当たり。北海道産の大納言小豆で作る自家製あんも甘さ控えめの上品な味わいだ。

粋に楽しむ 蕎麦屋呑み

蕎麦屋では、酒のことを「蕎麦前」と言う。蕎麦を食べる前に、まずは酒とアテを楽しむ粋な文化だ。さっそくアテ自慢、酒自慢の蕎麦屋を案内しよう。

「生粉うちせいろ」840円。「前菜の盛り合わせ」はおまかせ料理コース3500円の一品。コースのせいろは半量だが、420円でお替わり可能

目指すは蕎麦のリストランテ 料理も蕎麦もじっくり味わう

蕎麦 雪月花
Soba Setsugekka

JR島田駅からほど近い、3代続く細島屋を改装し開店したのが12年前。「酒とつまみをゆっくり楽しみ、最後にするっと蕎麦を手繰る」そんな江戸の粋な蕎麦店をモットーに、蕎麦好きを魅了してきた。

「自分が行ってみたい店を目指した」と語る店主の鈴木朗さん。現在のスタイルはフルサービスで、ゆっくり味を楽しんでもらうリストランテ方式。天ぷらは揚げたてを一品ずつ出し、蕎麦も3色なら、茹でたてを順番に提供。志太地域と全国の銘酒も食前酒・食中酒と、順を追って料理に合うものを薦めてくれる。特に夜はプリフィクスの「そば前コース」2100円～や、「おまかせコース」3500円などコース仕立てのメニューが中心。酒が飲めない人にも、蕎麦豆腐や手づくりシャーベットなどを提供し、じっくりと楽しめるように工夫されている。

もちろん、蕎麦そのものも手抜かりなし。「味が濃く香りが強い、これぞ蕎麦」と、店主太鼓判の茨城県太子町の常陸秋蕎麦を自家製粉。「生粉うちせいろ」840円（昼）は手挽き十割で打つ。蕎麦・アテ・酒、三拍子そろった貴重な店だ。

上／自家製鶏ハムやピクルスなどヘルシーな「洋風前菜」630円
左／「鴨ささみと旬菜の小鍋仕立て」940円。京都から取り寄せた鮮度抜群の鴨肉を使用

「和牛の朴葉味噌焼き」1260円。ブレンド味噌には近所の大村屋酒造場の大吟醸酒粕が入っている

お品書き
生粉うちせいろ840円
鴨せいろ1780円
車海老と旬の天せいろ1980円
おまかせ料理3500円～
そば前セット880円（昼）

蕎麦粉	茨城常陸秋蕎麦（天日干し）／自家製粉・石臼挽き・手挽き
製麺	十割／手打ち
だし	枕崎産本枯節・日高産昆布・伊久美産椎茸
つゆの味	甘 ・―✱―・―・―・ 辛

蕎麦　雪月花
住所　島田市本通2-3-4
電話　0547・35・5241
営業　11:30～14:30、17:30～21:00
休み　月曜、第3火曜
席数　38席
駐車　3台

一品料理の充実ぶりに盃が進む
そして締めは二八・十割蕎麦で

酒と肴と手打ち蕎麦 百里

Saketosakanatoteuchisoba Hyakuri

浜松で「酒と蕎麦」と言えば、真っ先にその名が挙がる、十割と二八の手打ち蕎麦が自慢の店。ランチは蕎麦単品が10種類のほか、定食6種類、蕎麦＋8種類から選べる丼のセットメニューという充実の内容で、連日賑わいを見せている。

そして夜は、日本酒と料理を堪能した後、締めに蕎麦という流れを楽しむ人が圧倒的に多い。和食の板前がいるので、ショーケースから好きなネタを選べる「お造り」のほか、「サワラ西京漬け」といった自家製の漬け込みメニューなど、魚介系の一品もお手のもの。「ねぎま」250円、「とり皮」210円といった串もの、天ぷらを中心とした揚げ物など、とにかくアテが充実していて、中には「越前ガニグラタンコロッケ」840円といった変わり種もある。「そばがき」950円などの蕎麦料理も評判だ。地酒は毎月替わる「特選おすすめ」1本が、ビールは「アサヒスーパードライエクストラコールド」550円が人気。蕎麦を盛り込んだ「宴会コース」、2時間飲み放題付き（5000円～。要予約・4人～）もお薦めだ。

肌寒くなると恋しくなる「もつ鍋」2人前2480円は、野菜もたっぷり

「カニ」時価。出合えるかは、その日の仕入れによる

左から特選大吟醸「黒龍」1合950円、芋焼酎「侍士の門」グラス950円、吟醸酒「立山」1合840円

蕎麦粉	福島・タスマニア産
製麺	二八・十割／手打ち
だし	鰹節、昆布
つゆの味	甘 ・—・—＊—・—・ 辛

酒と肴と手打ち蕎麦 百里

住所 浜松市中区肴町318-24
電話 053·452·2021
営業 11:30～14:00、17:00～23:00（22:30LO）
※日曜17:00～20:30（21:00LO）
休み 無休
席数 130席
駐車 なし

お品書き
もりそば 690円
かけそば 690円
天ぷらもりそば 1050円
辛味大根ぶっかけそば 850円
鴨南そば 1050円

十割蕎麦と厚いかき揚げの組み合わせで不動の人気を誇る「天ぷらもりそば」1210円

目指すは粋な味と時間
伊豆の地で食す戸隠蕎麦
そばの坊
Sobanobou

蕎麦の里として知られる長野市戸隠発祥の「戸隠蕎麦」。日本の食をこよなく愛する店主が信州の地を訪れ、その蕎麦に魅了され戸隠の「そばの実」で約3年修業、後に「そばの坊」を開業した。蕎麦は信州戸隠黒姫と、八ヶ岳産限定の霧下蕎麦、粗挽きにした蕎麦粉を配合。独自の挽き方で黒と白の星が飛んでいるのが特徴だ。天城山の天然水で打ち、茹で、戸隠蕎麦特有の「ぼっち盛り」で完成となる。蕎麦の種類に合わせたつゆのだしや空間づくり、器の相性など、蕎麦を味わうための店主のこだわりが細部にまで光っている。

そして、ここならではの楽しみが「蕎麦屋呑み」。蔵元が原料選びから知恵を絞った信州産の大吟醸のほか、蕎麦や天ぷらと実は相性抜群のシャンパンや「CAVA」で、粋な時間を。

竹塩、天然塩、温泉塩の3種の塩で食べ比べる、自家菜園の「ごぼうの天ぷら」840円

「白露ざる」1050円。塩つゆとつゆの2種類に生七味とおろしを添えて

蕎麦粉 信州戸隠産／手挽き
製麺 二八・十割／手打ち
だし 土佐産鰹節、鯖節など
つゆの味 甘 ・・✱・・ 辛

そばの坊

住所 伊東市八幡野1143-31
電話 0557・54・7885
営業 10:30～17:00頃
※シーズンにより異なる
休み 木曜
席数 18席
駐車 5台

お品書き
ざるそば 950円
つけざる 970円
天ぷらそば 1620円
サザエと三葉のかき揚げ 1470円

とろろ、クルミ汁、おろし、温玉、小天ぷらと好みのつけ種を選べる「そば三昧」1580円

蕎麦のために造られた大吟醸。酒も信州産にこだわる

上:「三色そば」1050円。田舎とせいろ、季節の変わり蕎麦。写真は「茶切り」
右:「天ぷらつき田舎」1575円。田舎は香りと噛み応えが魅力

蕎麦つくし 蕎仙坊

Sobatsukushi Kyouzanbou

田舎、せいろ、更科、変わり蕎麦 この道51年の技を味わう

築400年の庄屋を移築した風格のある佇まいに、どこか懐かしさを感じる広い板の間と座敷。窓の外にはモミジ、ヤマボウシ、フジザクラ…。ゆるりと蕎麦と酒を味わう。そんな贅沢な時間が似合う店だ。

蕎麦は北海道・帆加内、音成子府産を丸抜きで仕入れ、自家製粉石臼挽きに。「田舎」は外皮や甘皮を含んだ一番粉を、「せいろ」は甘皮を少なくするために篩をかけた二番粉を使用。「更科」は蕎麦の中心のみを使う。品書きにはこれらの蕎麦を基本に、「変わり蕎麦」や「鴨そば」などが並ぶ。「一茶庵本店」で故片倉康雄氏の指導を受けた、店主・斎藤親義さんの打つ蕎麦を堪能しよう。そして酒のアテには「鴨ぎもの山椒煮」や「そばとうふ」「鴨焼き」…。間違いなく杯が進むだろう。

「田舎」の蕎麦粉を使った自家製「そばとうふ」525円

蕎麦粉	北海道帆加内・音成子府産丸抜きほか／自家製粉石臼挽き
製麺	十割・九一／手打ち
だし	枕崎産本枯節
つゆの味	甘 ・―・―・―＊―・ 辛

蕎麦つくし 蕎仙坊

住所 裾野市須山1737
電話 055・998・0170
営業 11:30～夕刻まで
※蕎麦がなくなり次第終了
休み 月曜(祝日営業、翌日休み)
席数 40席
駐車 20台

お品書き

鴨あげそば 1260円
そばとろ 1100円
鴨なんばん 1575円
板わさび 840円
鴨焼き 1575円

和モダンな空間で酒と料理と、締めの蕎麦で、大人の時間

蕎麦酒菜 おく村

Sobasyusai Okumura

コンクリート打ちっぱなしのモダンな外観に、店内は木をふんだんに使った内装。暗めの照明にジャズが流れ、しっとり落ち着いた大人の空間を演出している。昼は蕎麦を中心とした和食が、夜は魚介や野菜を盛り込んだコースと酒が楽しめる店だ。コース料理は「雪」2600円、「月」3700円、「花」5200円と「おまかせ」の4種類。美しく盛り付けられた料理は、どれも手の込んだものばかりだ。自慢の手打ち蕎麦は、もちろん締めの一品として提供される。北海道産の蕎麦粉を使用した二八蕎麦は、香りが良いと評判だ。アルコールは日本酒、焼酎はもちろんのこと、ワインまで取り揃えている。

甘いもの好きなら「そば茶のアイス」200円もぜひ試してほしい。蕎麦茶のプチプチ食感と香りが魅力的だ。

旬の魚の「お造り」1000円～

「炊き合わせ」(夜のコースの一品)

蕎麦粉 北海道産／自家製粉石臼挽き
製麺 二八／手打ち
だし 鰹節、利尻昆布
つゆの味 甘 ・・・✻・ 辛

蕎麦酒菜 おく村

住所　沼津市通横町13
電話　055･962･1260
営業　11:30～14:00、17:30～22:00
休み　日曜、祝日の月曜
席数　27席
駐車　1台

お品書き
おろしぶっかけそば 980円
合鴨ロースト 850円
季節のお魚西京焼 900円
そば茶のアイス 200円

繊細な仕上がりの「もりそば」650円～

「ふくわうち」1500円。おかめの顔を模して器を丸く配置するのがつむらや流だ。温かい蕎麦の「おにわそと」1500円もある

鷹匠 つむらや

Takajo Tsumuraya

「亀」「般若」「中汲み」など蕎麦通が悦ぶ大吟醸と酒肴の数々

岡部から移築した築200年近い古民家は、アテをつまみながら酒を嗜み、締めの蕎麦をするのに格好の雰囲気。3カ月以上熟成させたかえしで作るつゆが引き立てるのは、甘みがしっかり感じられる蕎麦だ。看板商品の「ふくわうち」は変わり蕎麦（写真は青ゆず切り）と、桜エビかき揚げ、生麩揚げなどがのる冷たい蕎麦が5種類味わえるロングセラー。変わり蕎麦は、秋には菊や松の実、冬場はミカンなどを更科粉に練り込んだ、ここでしか味わえないもの。コシのある食感と鼻に抜けるほのかな香りを堪能しよう。蕎麦前のアテには揚げ出し豆腐、玉子焼き、フグ唐揚げなど呑んべえ好みの品書きが並ぶ。気の利いた料理と旨い酒、極上の蕎麦。ここではぜひ、時間を忘れてゆるりと過ごしてほしい。

蕎麦粉	北海道産／自家製粉石臼挽き
製麺	二八／手打ち
だし	鰹節（5種類）
つゆの味	甘 ・・✻・・ 辛

鷹匠 つむらや

住所 静岡市葵区鷹匠2-13-17
電話 054・252・4514
営業 11:00〜20:30（通し営業）
休み 木曜（祝日営業、翌日休みまたは翌週連休）
席数 80席
駐車 15台

お品書き

車海老天いそ 1550円
鴨せいろ 1250円
揚げ出し豆腐 500円
厚焼き玉子 1200円
魚のマリネ（アジ） 500円

「スペイン風鶏の天ぷら」600円。国産鶏モモ肉を特製マヨネーズソースで。地酒は20種類以上

百年以上の暖簾を受け継いだ 蕎麦が要の日本料理店

遊菜巧房 岩市

Yusaikoubou Iwaichi

何を頼んでもおいしい―と口コミで評判を集める大人が集う店。ここでは和の創作料理を肴に美酒に酔い、締めに蕎麦をぜひお薦めしたい。100年以上の歴史がある蕎麦屋が、ホテルの日本料理と鉄板焼きの店に務めた経験を持つ今の主人に代替わりし、スタイルを変えて現在地に移転、ファンを開拓した。昼は料理、夜は料理と酒を提供し、いずれも蕎麦が楽しめるのが魅力だ。特に盃を傾けた時の締めには、蕎麦が隠れるほどたっぷりと薬味が盛られた「薬味ぶっかけ」(750円)が人気。ほかに蕎麦メニューは「天せいろ」「鴨せいろ」「せいろ」など。小川港で水揚げされた新鮮な刺身や黒毛和牛の網焼きなどの料理は、盛り付けや器づかいも美しく、店主のセンスとこだわりが随所に感じられる。

写真手前から「黒毛和牛あみ焼」2300円と、「秋鮭の照焼」、「お造り」「前菜」など(4500円のコースより)

「薬味ぶっかけ」750円。白ネギ、カイワレ、ミョウガ、紅タデ、キュウリなどのさわやかな風味と食感が蕎麦を引き立てる。実際は蕎麦の上に薬味をのせたぶっかけスタイルで提供

蕎麦粉	長野産 自家製粉石臼挽き
製麺	二八
だし	鰹節、鯖節、室鯵節
つゆの味	甘 ・―・―✻―・―・ 辛

遊菜巧房 岩市

住所　静岡市葵区沓谷3-4-22
電話　054･293･4151
営業　11:30～14:00(13:30LO)、17:30～22:30(22:00LO)
休み　月曜、第3火曜
席数　20席
駐車　5台

お品書き

太刀魚のねぎま 700円
湯葉と生ハムの春巻のサラダ 1000円
つくね竹焼 500円
だし巻 600円

「せいろ」840円、かわかつの玄蕎麦から作る特注の「蕎麦焼酎」600円

蕎麦粉 福井県産玄蕎麦／自家製粉石臼挽き
製麺 十割／手打ち
だし 枕崎産本枯節、利尻昆布
つゆの味 甘 ・—・—・—＊—・ 辛

蕎麦 酒 かわかつ

住所 藤枝市駅前1-8-5
電話 054·645·1770
営業 11:30～14:00(13:30LO)、17:30～22:00(21:30LO)
休み 月曜、第1·3火曜、水·金曜のランチ
席数 24席
駐車 なし(駐車場サービスあり)

お品書き
九条ねぎそば 1100円
辛味おろしそば 1000円
親子丼 840円
トマトと生ゆばのサラダ 1100円
自家製金山寺みそ 400円

地元食材を使った料理と地酒
十割蕎麦は締めにもつまみにも

蕎麦 酒 かわかつ

Soba Sake Kawakatsu

十割蕎麦はコシがあるから伸びてもうまい。時間が経つと温まってしまうけど、温度が高い方が味も香りも強くなる。塩をかけて酒のつまみにもなるんです―と店主の河邉基次さんは言う。十割でも細切りできるなめらかな蕎麦を打つ技は、修業先の「京都なかじん」で会得。「蕎麦屋で酒を呑む」をコンセプトに、豊富に揃う一品料理の評判も高い。添加物は一切使わず、食材は極力地元のものを使用。なかでも刺し身、焼き鳥、水炊きとさまざまな形で登場する「一黒シャモ」は、肉の濃い旨味と歯応えを楽しめると人気だ。酒は地元藤枝の蔵元・杉井酒造の「杉錦」を中心に取り揃えている。

店は藤枝駅北口から歩いて1分ほど。仕事帰りに寄り道したり、電車に乗ってふらりと出かけるにも都合がいい。

「あん肝のしょうが煮」600円、「地野菜のあんかけ」800円など

一黒シャモのササミを使った「タタキわさび梅肉添え」1400円

カフェ感覚で通える蕎麦屋の「くるみタレせいろ」に舌鼓

手打ち蕎麦 naru

Teuchisoba Naru

コンクリートの壁に木目調のインテリア。まるでお洒落なカフェのような空間だが、ここはれっきとした蕎麦屋。力強い風味の手打ち蕎麦を提供すると評判の一軒だ。この斬新な発想は、店主の石田貴齢さんがかつて東京、ニューヨークで飲食業の修業を重ねた際に培った自由な気風を内装に生かしたもの。客も気負わずこの空間に溶け込むことができる。

蕎麦は八ヶ岳産を使用し、丹念に江戸打ちしてやや太めに仕上げている。この太さがあればこそ、香ばしく濃厚なタレが特徴的な「くるみタレせいろ蕎麦」や、辛めでキレのあるつゆが自慢の「せいろそば」に合うのだ。しっかりとした歯応えと香りの良さも堪能してほしい。蕎麦と音楽を楽しむライブや、ギャラリーでの個展やイベントも不定期開催している。

上:特製チリソースで食べる「サラダ揚げ春巻き」450円
下:宮崎産鶏を使った「日向鶏の藻塩焼き」980円

蕎麦粉 八ヶ岳・福井県産蕎麦／自家製粉石臼挽き
製　麺 二八／手打ち
だ　し 薩摩産本枯節
つゆの味 甘 ・・・・＊・ 辛

手打ち蕎麦 naru

住所　浜松市中区板屋町102-12　2F
電話　053･453･7707
営業　11:30～15:00(14:30LO)、
　　　18:00～22:00(21:30LO)
休み　月曜、日曜の夜(祝日昼のみ営業)
席数　20席
駐車　なし

お品書き
せいろ 780円
豆乳蕎麦 880円
蕎麦豆腐 400円
蕎麦焼き味噌 550円
サラダ揚げ春巻き 450円

「くるみタレせいろ蕎麦」880円。塩味と甘味と濃厚さが絶妙なタレはクセになる

湯葉がとろりと絡む蕎麦と梅のさわやかな酸味が好相性の「梅湯葉そば」1030円

炙ってパリッとさせて味わう「焼き海苔」350円

蕎麦屋呑み好きのための隠れ家
粋に熱燗と焼き海苔、板わさから

俺庵
Orean

うちの店は呑み助ばかりが集まるんです―と店主が話すほど、蕎麦と酒の組み合わせを好む大人がこぞって訪れる一軒。自慢の手打ち蕎麦は、北海道から茨城にかけての蕎麦産地を狙って仕入れた蕎麦粉を使い、常に一番おいしい状態で提供している。そんな蕎麦で作る「蕎麦サラダ」や「揚げ蕎麦あんかけ」各850円といった蕎麦料理も日本酒との相性がよいと評判だ。もちろん蕎麦前に欠かせないアテも多く、店主いわく「お客様に時代小説好きが多く、江戸の蕎麦前文化をまねて、焼き海苔や板わさなどシンプルな物が人気」だそう。熱燗にも力を入れていて、燗を付けてこそおいしいとされる「蓬莱泉別選」「朝日山百寿盃」「初亀急冷美酒」各500円も揃えているのでぜひ試してほしい。焼酎なら蕎麦湯割りも。

熱燗、冷、どちらにも合う「焼き味噌」550円

蕎麦粉	国産蕎麦粉
製麺	十割・二八／手打ち
だし	鰹削り節
つゆの味	甘 ・―・―✻―・―・ 辛

俺庵

住所　浜松市中区鍛冶町320-7 2F
電話　053･456･5338
営業　18:00～23:00頃
休み　不定休
席数　12席
駐車　なし

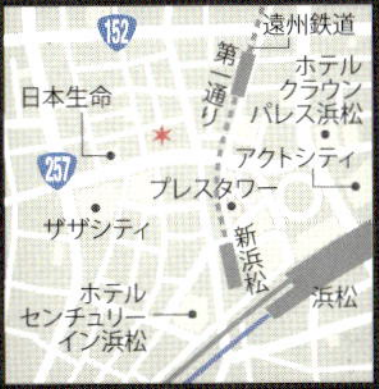

お品書き

天せいろ 1500円
かき揚げ天せいろ 1500円
鴨せいろ 1250円
塩豚せいろ 1030円
カレー南蛮きしめん 1030円

蕎麦のふる里・野麦峠の郷土料理「投汁そば」で体の芯からホッコリ

信州手打そば 奥村

Shinsyuteuchisoba Okumura

静岡県内で唯一、信州の郷土料理「投汁（とうじ）そば」が味わえるのがここ。店主の奥村一夫さんが自身の修業先「野麦路」で本場の味を習得し、浜松でそのおいしさを広めている。ひと口サイズに盛った蕎麦を投汁カゴに入れて、山菜や鴨肉など具沢山の汁にくぐらせる食べ方は、野麦峠の伝統的な味わい方だ。蕎麦が温まったところで椀に具と汁を一緒に盛り付けて口に運べば、体の芯から温まってくる。そこに冷酒をキュッと流せば胃も心も大満足だ。

女性客も多く訪れることから、梅酒やユズ酒といった果実酒も常備。板前でもある店主が手がける「蕎麦懐石」（夜のみ・要予約）やお得なランチ膳も人気だ。香りがより鮮烈に感じられる蕎麦粉十割り、つなぎ二割りの外二蕎麦は持ち帰りも可能。

蕎麦に小丼が付く「ランチ膳」1050円は全5種類。写真は小天丼と蕎麦。平日デザート付き

「蕎麦懐石」（3500円～・要予約）の一例「焼き味噌」「揚げそばがき」「小魚の唐揚げ」

蕎麦の香りと汁の旨味を存分に味わえる郷土料理「投汁そば」1500円

蕎麦粉　北海道産／信州の製粉所で製粉
製麺　外二／手打ち
だし　鰹節、昆布
つゆの味　甘 ・・・・ 辛

信州手打そば 奥村

住所　浜松市中区鍛冶町1-46
電話　053·452·7117
営業　11:30～14:30LO、17:00～20:00LO
休み　月曜
席数　22席
駐車　なし

お品書き
天もり 1500円
鴨南蛮 1300円
木の子そば 1000円
もり 800円
茄子の蕎麦味噌田楽 600円

蕎麦がもっとおいしくなる!?

知っておきたい蕎麦用語

本誌には蕎麦屋の専門用語が度々登場する。そこで基本的な用語を簡単に解説しよう。

【甘皮】
蕎麦の実の殻の下側にある薄い種皮のこと。挽きぐるみ(別項目参照)だけでなく丸抜きを挽いても甘皮は粉に含まれる。

【石臼挽き】
石臼を使って製粉した蕎麦粉。粉焼けせず香りが飛ばない上、好みの粗さ・質の粉が得られるため、自家製粉の店の多くが使っている。

【田舎蕎麦】
玄蕎麦から挽いた、黒っぽい蕎麦粉で作る蕎麦。香りが強く素朴さが特色。

【かえし】
醤油ベースの混合調味料で蕎麦つゆのもととなるもの。これをだして割って蕎麦つゆを作る。

【変わり蕎麦】
更科粉にシソ、抹茶などを加え麺の色や風味を変えた蕎麦。

【玄蕎麦】
黒っぽい殻をかぶったままの蕎麦の実のこと。

【新蕎麦】
収穫したての蕎麦の実から作った蕎麦粉で作る蕎麦のこと。東北以南の地区では春蒔きの夏蕎麦と、夏蒔きの秋蕎麦があるが、一般的には秋蕎麦を新蕎麦という。種皮の緑色が鮮やかで、香りが高いのが特色。

【更科蕎麦】
蕎麦の実の中心部分の粉、ほとんどがでんぷんの、真っ白な粉を使った上品な蕎麦。江戸時代、殿様や上流階級に好まれたので御膳蕎麦とも言う。

【ざる・もり】
以前は器やつゆの違いがあったが、現在は海苔のかかったものを「ざる」、かかっていないものを「もり」と呼ぶことが多い。竹ざるに盛った蕎麦を「ざる」と称する店もある。

【十割】
蕎麦粉100%で作る蕎麦。生粉(きこ)打ちとも言う。

【せいろ】
蒸篭(せいろ)は竹や木を編んで作られた蒸し料理用の調理器具。昔、十割蕎麦を蒸篭にのせて蒸し、そのまま客に提供したことから、品書きの一つに。

【蕎麦の実】
黒い殻に覆われた三角形をしている。外側から果皮、甘皮、胚乳、子葉(胚芽)という構造になっている。

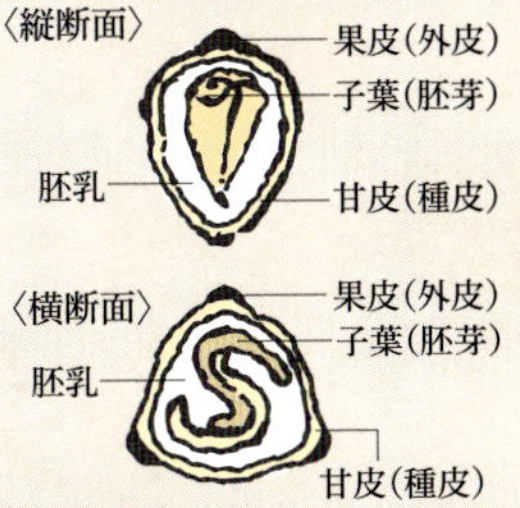

【蕎麦切り】
蕎麦が麺状になる以前は蕎麦米や蕎麦がきとして食べていた。それに対して切った棒状の麺を蕎麦切りと呼んだ。

【蕎麦前】
酒のこと。江戸っ子の間では、蕎麦の前に軽く酒を飲み、締めに蕎麦を食べるのが粋とされた。

【蕎麦湯】
蕎麦の茹で汁のこと。湯桶(ゆとう)で飲用に出される。最近は茹で汁ではなく、飲む専用に蕎麦粉を多く入れ、トロミを付けて作る店もある。

【だし】
鰹節を基本に、宗太鰹節、鯖節、昆布など店によってその素材は異なり、それが味や風味の特色となる。

【種もの】
天ぷら蕎麦や、山菜蕎麦など、もりやかけ以外の、具のある蕎麦メニューのこと。

【つなぎ】
二八の小麦粉のように、蕎麦粉に加えて麺を打ちやすくするもの。つなぎには小麦のほか山芋や卵が使われることもある。つなぎによって、味や歯応え、喉越しも変わってくる。

【手挽き】
手動で石臼を回し製粉すること。手間がかかるがこだわりの逸品として品書きに載せている店もある。

【南蛮】
ネギのこと。江戸時代から続く言葉。「鴨南蛮」はその代表格。略して「鴨南」ともいう。

【二八】
蕎麦粉8に対して小麦粉2の割合で作る蕎麦。ほかに「九一」などもある。

【抜き】
「種もの」から蕎麦を抜いたもの。天ぷら蕎麦から蕎麦を抜いた「天抜き」は、酒の肴として人気が高い。丸抜きの略称に使う場合もある。

【星】
麺の中にある黒い点々状の、星のように見えるもの。甘皮などの粗挽き粉が打ち込まれているために現れる。

【挽きぐるみ】
殻をつけたまま挽き、篩にかけ殻を取り除いた粉のことを指したが、最近は殻を取り除き甘皮を一緒に挽いた粉のことも言う。

【丸抜き】
玄蕎麦の殻を取った状態。略して「抜き」と呼ぶこともある。

【水回し】
蕎麦を打つ際、蕎麦粉に水を加えて馴染ませる作業のこと。蕎麦打ちの中でも最も重要な工程。

参考資料:「蕎麦手帳」(太野祺郎著)

山里の滋味を味わう蕎麦処

山あいの町には往々にして、これぞ究極の穴場という知る人ぞ知る蕎麦屋がある。土地の食材を使った滋味深い蕎麦はもちろん、山の風景もごちそうだ。

「ざるそば」850円。まずは蕎麦の香りを堪能しよう

山里の滋味を味わう蕎麦処

やまびこ

Yamabiko

丹精込めた蕎麦に野菜や山菜の料理を添えて

伊豆修善寺の山と緑に囲まれたのどかな風景に溶け込むように佇む山小屋風の一軒家。その外観からは、ここが蕎麦屋だとは誰も思わないだろう。店内にはたくさんの光が差し込み、達磨山をはじめ、伊豆の山々を一望できる。「やまびこ」という名前もここなら納得だ。

「蕎麦はとても繊細で、その日その時の気温と湿度で状態が微妙に変化するんですよ」と、話すのは店主の三須敬一郎さん。その変化を熟知した確かな技で「今日の蕎麦」が丁寧に打たれていく。蕎麦粉は北海道、茨城などの産地から取り寄せ、その1、2番粉を使い、粉の温度に合わせて水を回し、雑味のない蕎麦を目指す。さらにここに粗めの蕎麦粉を3割ほど混ぜ、一層香り高いものに仕上げる。これが店主のこだわりだ。

さて、蕎麦はもちろんだが、この店には山里ならではの魅力もある。それが野菜だ。薬味、天ぷらなどには自家栽培有機野菜を使用し、お通しとして並ぶ生野菜も、素材本来の味の濃さを存分に味わうことができるものばかりだ。また近隣の山で摘んだ山菜などを生かした料理はその季節にしかない逸品で、11月末から5月のみ楽しめる自然薯料理は、ファンが付くほどの人気メニューだ。

天気の良い日は暖かな陽を浴びながら、テラス席で蕎麦を味わうのもいい。

右下／リピーター続出の「揚げたてがんもどき」500円はアツアツを頬張りたい。下は、お通しで出される「自家製野菜と燻製」

蕎麦粉	茨城・北海道・福井県産など
製麺	二八・十割／手打ち
だし	網代産鰹節、宗太鰹節、利尻昆布、干し椎茸
つゆの味	甘・・・・・辛

やまびこ

住所　伊豆市修善寺3726-1
電話　0558・72・7575
営業　11:00〜17:00
休み　金曜
席数　40席
駐車　30台

お品書き

- 自然薯とろろ飯 1500円
- 自家製野菜たっぷりの鴨そば 1200円
- 山芋と野菜のかき揚げ 700円
- 自家製みそおでん 100円
- 修善寺産の椎茸の天ぷら 650円

千頭駅前の隠れた名店
喉越しのいい細麺が人気

手打蕎麦 寿司 御料理 丹味

Teuchisoba Sushi Oryouri Tanmi

大井川鉄道・千頭駅前の店先に「手打ちそば」の看板が出ていたら、蕎麦屋営業中の印。昼は蕎麦屋、夜は寿司と料理と酒が楽しめる居酒屋という2つの顔を持つ店だ。土地柄観光客が多く、山のものでもてなしたいとの思いから昼の蕎麦屋を開店したのだが、いつの間にか、「川根の山奥に旨い蕎麦屋あり」と評判を呼ぶようになった。

蕎麦は喉越しのいい細めの二八。北海道・幌加内産を主に茨城、福井、長野など時期に合わせて選び、製粉された状態で仕入れている。今年あたりから量は少ないものの地元千頭の在来種が手に入る予定だというから、楽しみだ。

焼津産の鰹節のみでだしをとったつゆは香り高い雑味のない味に仕上げられている。

人気メニューは「ざる」、小エビのかき揚げが付く「天ざる」、そしてあっさり味の「いなり寿司」。夏場は、小エビの天ぷらと大根おろし、海苔がたっぷりのった「天ぶっかけ」も評判だ。土地のタケノコ、ワラビ、ゼンマイを甘辛く炊いた山菜が入った「山菜そば」のファンも多い。

寿司屋、居酒屋、蕎麦屋で研鑽を積んだ店主・丹羽文隆さんの作る蕎麦が食べられるのは昼のみ。それも蕎麦がなくなり次第終了。夜のメニューにはない。

小エビの天ぷらがのった「天ぶっかけ」1100円

蕎麦粉	北海道幌加内産蕎麦粉ほか
製麺	二八／手打ち
だし	焼津産鰹節
つゆの味	甘・・・・＊・辛

手打蕎麦 寿司 御料理 丹味

住所 榛原郡川根本町千頭1216-19
電話 0547･59･3929
営業 11:30〜蕎麦がなくなり次第終了、17:00〜 ※蕎麦は昼のみ
休み 不定休
席数 16席
駐車 なし(町営無料Pあり)

お品書き
かけそば(温) 650円
山菜そば 1000円
ぶっかけ 850円
天ぷらそば(温) 1150円

右:「山菜とろろそば」1200円。山菜は春に収穫保存。とろろは地元産自然薯が入れば使うことも
左:カウンターのほか座敷席もある

喉越しの良さが魅力の「ざる」700円と、
多くの人がオーダーする「いなり」2個
150円

山里の滋味を味わう蕎麦処

丁寧な水分調整と製粉が生む香りと歯応えを楽しむ

蕎麦 どあひ

Soba Doai

林道を抜けた先に、目指す店はある。店主は畑仕事と蕎麦粉の製粉で一日の仕事を始める、71歳の仁藤勲さんだ。

蕎麦は長野県産を中心に数種の玄蕎麦を使用。高遠町芝平の希少な在来種も、自ら畑に赴き、状態を確かめ仕入れている。仕入れた玄蕎麦は石抜きと磨きに3度かけ、数日かけて加水し、含有水分を調整。その後石臼でゆっくりと挽き、機械でふるった後、手作業で再度ふるう。3時間にも及ぶ丁寧な製粉だ。

だしは独自の割合で合わせた本枯節と荒本節。砕いた厚削り節で深い味わいを生み出す。つゆと、歯応えのある蕎麦との相性は完璧だ。薬味は自家菜園で採れたものを使用している。「楽しく、長生き」がモットーという店主が作る蕎麦と、店を囲む自然に元気をもらえる、そんな蕎麦屋だ。

豆乳を使ったなめらかな「そば豆腐」300円

白玉と蕎麦がき入りの「おしるこ」400円

蕎麦粉 長野県伊那市高遠町産玄蕎麦／自家製粉石臼挽き
製麺 二八／手打ち
だし 本枯節、荒本節、昆布、椎茸
つゆの味 甘 •—✱—•—•—• 辛

蕎麦 どあひ

住所 富士宮市粟倉2735-58
電話 0544·23·5023
営業 11:00～15:00LO
※蕎麦がなくなり次第終了
休み 火·水曜
席数 14席
駐車 10台

お品書き
石臼挽ざる（冷たい） 950円
石臼挽かけ（温かい） 950円
そばがき 500円
そば豆腐 300円
おしるこ 400円

「石臼挽もり」900円。星が残るやや太めの蕎麦は、歯応えも楽しめる

蕎麦は季節やその年の出来具合によってブレンドの比率を細かく変えている

思わず杯が進む「焼味噌」。冷酒を注文すると無料で付く

蕎麦粉	茨城・長野・北海道産／自家製粉石臼挽き
製麺	二八／手打ち
だし	枕崎産本枯節、利尻昆布、干し椎茸
つゆの味	甘・・・✱・・・辛

笊蕎麦 つど野

住所 静岡市葵区津渡野514-2
電話 054･294･1005
営業 11:00〜15:00
※蕎麦がなくなり次第終了
休み 月曜(祝日営業)
席数 26席
駐車 6台

お品書き

ざる蕎麦もり 840円
焼味噌 210円
磯自慢（別撰本醸造）630円
大雪渓（上撰）630円
菊姫（大吟醸）1995円

笊蕎麦 つど野

Zarusoba Tsudono

ざる蕎麦に魅せられて蕎麦喰いが足繁く通う山あいの店

店主の岩崎太嗣さんは静岡市出身。しかし地元はもっと街の方だという。開店にこの場所を選んだのは、静かで景色が良く、何より水が良かったから。敷地内を20メートルほど掘った井戸から水を汲み上げ、水道水は一切使っていない。元は会社勤めだったが、山梨県の名店「翁」の蕎麦の旨さに衝撃を受けて高橋邦弘名人に弟子入り。今もはっきり覚えているという師匠の味を日指して、日々蕎麦を打つ。

蕎麦本来の風味を楽しんでもらうため、メニューは「ざる蕎麦もり」、冷酒、酒肴の「焼味噌」のみと至ってシンプル。開店して6年経つが、岩崎さんが打つ蕎麦の評判を聞いて足を運ぶ客が絶えない。新東名が開通し、新静岡インターから15分ほどで行ける。

山里の滋味を味わう蕎麦処

山葵栽培発祥の地で味わう お母さんの手作り蕎麦

うつろぎ

Utsurogi

静岡市葵区の安倍川沿い、日本の山葵栽培発祥の地とされる有東木にある地元のお母さんたちが切り盛りする店だ。

店で出す蕎麦はお母さんたちの手打ちで、土・日曜などの忙しい日は、打ってあった蕎麦がなくなってしまうことも。そんなときには「ちょっとだけ待ってね。今作るから」と断って、一から蕎麦作りを開始することもあるのだそうだ。

やさしい味わいの二八蕎麦は、どっぷりつけても塩辛くない甘めのつゆとも相性がいい。

「風味が生きるように、片面だけに衣をつけるのがコツ」という山葵葉の天ぷらが付くのも、うつろぎの特徴だ。美しい翡翠色とほんのりとした苦みがたまらない。いつ行っても温かく出迎えてくれる、ここにしかない味。わざわざ出かける価値ありの山奥の一軒だ。

上:「金つば」「朴葉もち」各100円など手作り和菓子も販売
下:「もりそば」500円。二八蕎麦は玄人はだしの出来

蕎麦粉	北海道産/自家製粉石臼挽き
製麺	二八/手打ち
だし	鰹の厚削り、薄削り、日高昆布
つゆの味	甘 •—✻—•—•—• 辛

うつろぎ

住所 静岡市葵区有東木280-1
電話 054・298・2900
営業 10:00〜15:00
※土・日曜、祝日は9:00〜16:00
休み 第3火曜、茶期(5月)
席数 50席
駐車 15台

お品書き
天おろしそば 700円
もり天 700円
うつろぎ定食 950円
天丼 700円
わさびアイス 300円

「天そば」600円。山葵葉・野菜かき揚げ・椎茸の天ぷら入りで、冷・温が選べる

「さびめし」500円。おかかとすり山葵をご飯にのせて、醤油をたらり。ツンツンくる刺激がたまらない

山里の滋味を味わう蕎麦処

「鴨つけそば」大盛1575円（普通1260円、小盛1050円）と突き出し3種

手打そば 食事処 幸之松

Teuchisoba Syokujidokoro Kounomatsu

契約農家から直送の香り高い蕎麦
心尽くしの突き出しもうれしい

蕎麦を注文すると、最初に突き出しが3品。「この田舎まで来て、お茶だけで蕎麦を待ってもらうのが忍びなくて」と女将さん。愛用の器は織部焼。量を選べる大中小のメニュー、調度品や設えにも細やかな心遣いが光る。

店主の幸之松大さんは、元々は鮨職人。大病の後で蕎麦打ちを始め、長野県下伊那郡下條村産の蕎麦と運命的な出合いを果たす。今では農家と直接契約して蕎麦を栽培してもらっているそうだ。運ばれてきた蕎麦をひと口すると、蕎麦の香りがぱっと口の中に広がる。潔く切れる食感も心地よく、あっという間に胃の腑に落ちた。地元の自然薯、ナメコが採れる季節限定の「とろろそば」「なめこおろしそば」を心待ちにするファンも多い。

蕎麦粉 長野県産／自家製粉石臼挽き
製麺 十割／手打ち
だし 焼津産本枯節、鯖節、羅臼昆布
つゆの味 甘 ・―・―・―・―✳―・ 辛

手打そば 食事処 幸之松

住所 藤枝市本郷3308
電話 054･639･1008
営業 11:00〜14:00(13:30LO)
休み 月曜、隔週火曜（祝日営業、翌日休み）
席数 40席
駐車 10台

お品書き
ざるそば 普通 840円
木の子と地鶏そば 普通 1260円
卵とじそば 普通 1050円
天ぷらそば 普通 1260円
ミニ鮪漬け丼 525円

藤枝バイパス谷稲葉ICから車で15分。県道から少し離れた静かなところにある

野菜はほぼ自給。「天ざるそば」大盛1575円、普通1260円、小盛1050円。蕎麦は昼のみ。夜は予約制のコース料理でもてなしてくれる

山里の滋味を味わう蕎麦処

山道を抜けてたどり着く古民家の力強い蕎麦に舌鼓

蕎麦道楽 百古里庵

Sobadouraku Sugarian

天竜区の山道を進み、うっそうと茂る杉林を縫ってたどり着く、自然に囲まれた蕎麦屋。ここまで来た達成感と、築150年の古民家の風格ある佇まいに「隠れた名店」への期待が高まる。十数年前に東京からこの地に移り住んだ店主・山本六二郎さんが自ら目利きした玄蕎麦を自家製粉し、田舎と二八の手打ちで提供。薪で沸かした湯で茹でるこだわりが、口当たりのいい、噛むほどに蕎麦本来の力強い味わいが広がる蕎麦に仕上げる。5〜6時間煮込んだ上に、最低でも6カ月以上寝かせるというかえしは、まろやかで甘みと辛さのバランスが良く、店主が打つ蕎麦と相性抜群だ。

地元産の百古里（すがり）茶を練り込んだ「茶蕎麦」や、旬の山菜を使った「季節の天ぷら」など、ここでしか味わえない天竜の恵みも楽しみたい。

香ばしい風味も楽しめる「川海老の天ぷら」650円

蕎麦粉	国産玄蕎麦／自家製粉石臼挽き
製麺	二八・十割／手打ち
だし	鰹節2種類、利尻昆布、椎茸
つゆの味	甘 ・・✱・・ 辛

蕎麦道楽 百古里庵

住所 浜松市天竜区横川160
電話 053・924・0088
営業 11:00〜 ※蕎麦がなくなり次第終了
※土・日曜、祝日は〜16:00LO
休み 木曜
席数 40席
駐車 30台

お品書き

田舎せいろ 890円
二八せいろ 840円
ごま豆腐 550円
ふき味噌の焼おにぎり 350円
そばがき団子入お汁粉 600円

鴨肉の脂の甘みがおいしい「鴨せいろ蕎麦」1620円(写真は田舎蕎麦)

浜松市天竜区

山里の滋味を味わう蕎麦処

セットには五目御飯と季節の煮物（ジャガイモまたはこんにゃく）、とじくりが付く

佐久間民俗文化伝承館 峠そば処

Sakumaminzokubunkadensyoukan Tougesobadokoro

蕎麦の栽培から製麺まで佐久間の伝統製法で手作り

北条（ほうじ）峠にある佐久間民俗文化伝承館。江戸末期の農家を移築した建物は、当時の建築様式と暮らしぶりを今に伝える。

古くから蕎麦が作られていたこの地の、昔ながらの味を継承しようと「野田（のた）やまびこ会」の婦人会が館内で営むのが「峠そば処」だ。蕎麦畑を耕し、脱穀から天日干し、石臼での製粉、製麺まで総勢14人の地元の女性たちでこなす。蕎麦打ちは、山梨・長坂「翁」の創設者・高橋邦弘氏から指導を受け、加えてこの地の伝統である「叩いて生地を伸ばす」技法でコシを与えている。

お釈迦様の誕生日に供えた佐久間名物「とじくり」は、この地ならではの甘味。大豆と米、蕎麦粉のかわりに小麦粉を使う。蕎麦の後にぜひ。

「かけそばセット」1000円。新蕎麦は12月頃に登場予定

蕎麦粉	佐久間・水窪産／自家製粉石臼挽き
製麺	二八（夏）・一九（冬）・十割（年末）／手打ち
だし	宗太鰹節、利尻昆布、佐久間産椎茸など
つゆの味	甘・—・—・✻・—・—・辛

佐久間民俗文化伝承館 峠そば処

住所 浜松市天竜区佐久間町佐久間1832-1
電話 053·987·1888
営業 10:00～16:00
休み 月～金曜（土・日曜、祝日のみ営業）
席数 50席
駐車 30台

お品書き

ざるそばセット 1000円
梅おろしそば 1250円
おろしそば 1200円
※すべてご飯・煮物・とじくり・漬物付き。ご飯なしは200円引き

企画・編集　静岡新聞社 出版部

スタッフ
飯田奈緒・今井理恵・海野志保子・大石真弓
梶歩・桜田亜由美・鈴木和登子・高岡基
瀧戸啓美・忠内理絵・永井麻矢・深澤二郎
水口彩子・溝口裕加

デザイン
komada design office
（表紙、P1～19・24～29・92～93・102～105・117～119）

DTP制作
エスツーワークス

ぐるぐる文庫Special　しずおか蕎麦三昧

2013年11月15日　初版発行

著　者　静岡新聞社
発行者　大石　剛
発行所　静岡新聞社
〒422-8033　静岡市駿河区登呂3-1-1
TEL 054-284-1666

印刷・製本　株式会社DNP中部

ISBN978-4-7838-1948-6 C0036

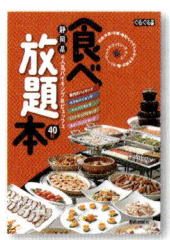

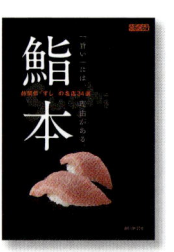

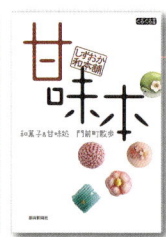

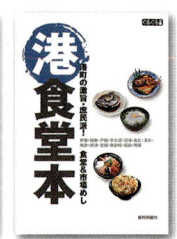